本书获"教育部高校思政创新发展中心专项课题"（项目编号
"湖北省省教育厅哲学社会科学研究重点项目"（项目

哲学转向
与西方心理学的
深入发展

郭远兵◎著

吉林大学出版社

·长 春·

图书在版编目（CIP）数据

哲学转向与西方心理学的深入发展 / 郭远兵著.

长春：吉林大学出版社，2025.5. -- ISBN 978-7-5768-5036-9

Ⅰ. B84

中国国家版本馆 CIP 数据核字第 2025YC1050 号

书　　名：哲学转向与西方心理学的深入发展
　　　　　ZHEXUE ZHUANXIANG YU XIFANG XINLIXUE DE SHENRU
　　　　　FAZHAN
作　　者：郭远兵
策划编辑：卢　婵
责任编辑：卢　婵
责任校对：闫竞文
装帧设计：文　兮
出版发行：吉林大学出版社
社　　址：长春市人民大街 4059 号
邮政编码：130021
发行电话：0431-89580036/58
网　　址：http://press.jlu.edu.cn
电子邮箱：jldxcbs@sina.com
印　　刷：武汉鑫佳捷印务有限公司
开　　本：787mm×1092mm　　1/16
印　　张：10.25
字　　数：150 千字
版　　次：2025 年 5 月　第 1 版
印　　次：2025 年 5 月　第 1 次
书　　号：ISBN 978-7-5768-5036-9
定　　价：68.00 元

自　序

在人类思想的长河中，心理学宛如一座熠熠生辉的灯塔，照亮我们对自身认知与探索世界的道路。从古老的哲学思辨萌芽，到逐步发展为一门实证科学，心理学的每一次演进都深刻影响着人类对内心世界的探索。在这一宏大的知识脉络中，拙文聚焦于一个关键的历史焦点——现当代——而展开各种具体思索。西方心理学的现当代转向是时代洪流推动下的深刻觉醒。这一转向是对传统的超越，更是对未来的期许。

西方哲学的现当代转向，是一个复杂而多元的过程。其大致脉络可分为如下四个阶段。

（1）从本体论向认识论转向。背景是古代哲学关注世界的本原，如古希腊的水、火等元素说。近代哲学开始意识到认识世界的前提是先了解认识能力本身。例如，笛卡尔提出"我思故我在"，以"我思"为基石确立知识的可靠性；康德的"先天综合判断"试图调和经验论和唯理论，探讨人类认识的先天结构和界限。

（2）从认识论向语言哲学转向。背景是哲学家发现语言在表达和理解思想中至关重要，语言的逻辑和意义成为关键问题。例如，弗雷格开创现代逻辑，强调语言的逻辑结构；维特根斯坦前期的《逻辑哲学论》认为语言与世界存在逻辑同构，后期在《哲学研究》中提出"语言游戏"说，强调语言的意义在于使用。

（3）从语言哲学向文化哲学转向。背景是20世纪中叶后，社会文化问题凸显，人们认识到语言与文化紧密相连，哲学应研究更广泛的文化现象和意义。例如，伽达默尔的哲学解释学认为，理解是一种历史性的文化活动；哈贝马斯提出交往行为理论，关注语言在社会交往中的作用及社会文化的合理性重建；福柯通过对知识、权力和话语的研究，揭示文化背后的权力关系和社会机制。

（4）后现代主义的多元转向。背景是对现代性的反思和批判，质疑传统权威、真理和宏大叙事，强调多元性、相对性和差异性。例如，德里达的解构主义通过对文本的解构，消解传统的固定意义和中心；利奥塔认为，后现代知识状态以对宏大叙事的怀疑为特征，倡导多元的小叙事。

西方心理学在哲学现代转向中也呈现出多种表现，主要包括四点。

（1）从关注精神实体到聚焦认知过程。在哲学的认识论转向背景下，西方心理学不再单纯将心理视为一种精神实体，而是开始聚焦于人类的认知过程。例如，认知心理学兴起，它借鉴信息加工理论，把人看作一个信息处理系统，研究感知、记忆、思维等认知活动。这种转变与哲学中从对世界本原的探寻转向对认识能力的反思相呼应，心理学也更加关注人类如何认识世界，而非仅仅关注心理的本质是什么。

（2）语言成为研究的重要对象和工具。在哲学的语言转向影响下，心理学也重视语言在心理研究中的作用。语言被视为理解心理的关键窗口，像维果茨基的社会文化理论强调语言在认知发展中的重要性，认为儿童通过与他人的语言交流来内化知识和思维方式。同时，心理学研究方法也借助语言分析，如话语分析被用于研究个体的心理状态和社会互动，通过分析人们的话语内容、方式等来探究其背后的心理机制。

（3）文化因素受到高度重视。随着哲学向文化哲学转向，西方心理学越来越关注文化对心理的塑造作用。文化心理学研究文化与心理的相互关系，如尼斯贝特等学者的研究发现，东西方文化背景下的人在认知方式、思维习惯等方面存在显著差异。心理学开始将文化视为影响心理和行为的重要变量，不再把心理现象看作是普遍、单一的，而是在文化的情境中去理解和解释，研究不同文化中的心理差异以及文化如何通过价值观、社会规范等影响个体心理。

（4）后现代视角下的多元性与相对性。受后现代哲学影响，心理学出现后现代心理学思潮。它强调心理的多元性和相对性，反对传统心理学将心理现象绝对化、普遍化的倾向。如叙事心理学认为个体通过构建和讲述自己的生活故事来塑造自我认同，每个人的故事都是独特的，不存在唯一的、客观的心理真相。后现代心理学还对传统心理学的研究方法和理论建构进行反思，倡导更开放、多元的研究方法，重视个体的主观体验和社会建构在心理形成中的作用。

在西方心理学随哲学现代转向的过程中，沉浸于理论心理学的学者要有"心若止水，气似幽篁"的定力，通达高屋建瓴的理论视野，谙熟鞭辟入里的理论方法，从而为这场深刻和深远的理论革命积蓄力量。

在心理学从关注精神实体转向认知过程时，理论心理学提供信息加工理论等基础框架，将人类认知类比为计算机的信息处理系统，为认知心理学的发展奠定理论基石，使认知心理学能够以此为基础深入研究感知、记忆、思维等具体认知过程。在文化心理学兴起时，理论心理学提出文化与心理相互建构的理论观点，为文化心理学研究不同文化背景下的心理差异和文化对心理的塑造作用提供了理论支撑，引导研究者从文化的角度去理解和解释心理现象。

理论心理学与哲学也保持着紧密的联系，在哲学转向的过程中，不断吸收哲学的新思想和新方法。如现象学、存在主义等哲学思潮为理论心理学带来了新的视角，促使理论心理学发展出人本主义心理学等理论流派，强调人的主观体验、自由意志和自我实现。同时，理论心理学还积极与社会学、人类学、语言学等学科进行交叉融合。在语言转向过程中，理论心理学借鉴语言学的理论和方法，发展出心理语言学等交叉学科，研究语言与心理的关系，为心理学的发展开拓了新的领域。

在哲学的现代转向影响下，理论心理学对传统心理学的理论和研究范式进行了深刻反思与批判。后现代理论心理学质疑传统心理学追求普遍、客观真理的目标，批判其忽视个体差异和社会文化背景的局限性，促使心理学更加关注个体的独特性和心理的社会建构性。通过对传统理论的反思，理论心理学拓展了心理学的研究视角和方法，推动了心理学研究从单一的实证主义方法向多元化方法转变，如引入质性研究方法，重视对个体主观经验的描述和解释。

拙作经历 12 年，各章节已经发表在核心杂志上。回顾这段文字，恰似玩味孩童的足迹，歪歪扭扭、深深浅浅，每一步都是笔者对心理学这一领域好奇的探索。探学之路不易，感谢给予我力量和勇气的师长、朋友和家人。愿将这字里行间的彷徨和感念，化作馥郁芬芳的玫瑰，带着诚挚的敬意与热忱，轻轻捧至您的面前。

郭远兵

2025 年 5 月 19 日

目　录

第一章　科学哲学问题
对西方心理学发展的影响

黎黑曾说："重要的心理学问题原本就是哲学问题。不理解哲学，特别是认识论，就不可能历史地理解心理学。"[1]19 世纪中叶，以反形而上学为旗帜的科学哲学与西方心理学的关系变得密不可分。叶浩生主编的《心理学通史》中，每论及某一流派的历史，必讨论其科学哲学背景[2]。心理学在科学哲学的指导下取得了成果，也遭遇了困境[3]。心理学虽脱离哲学，但不能回避哲学，尤其无法回避对科学进行哲学反思的科学哲学。百年来，西方科学哲学研究的核心问题可概括为四点：①科学与非科学的划界；②科学发现的模式；③科学理论的评价；④科学发展的模式[4]。

---

① 黎黑. 心理学史：心理学思想的主要趋势 [M]. 刘恩久，等，译. 上海：上海译文出版社，1990：36.

② 叶浩生. 心理学通史 [M]. 北京：北京师范大学出版社，2006：204，224，250，280，532.

③ 车文博. 西方心理学史 [M]. 杭州：浙江教育出版社，1998：640，653.

④ 洪晓楠，赵仕英. 百年西方科学哲学研究的主要问题 [J]. 大连理工大学学报（社会科学版），2001，22（1）：1-7.

本章从科学哲学争论中起核心作用并反复出现的问题切入，逐一解析这些问题对西方心理学演进与发展所产生的影响及心理学对这些问题的回应。

一、科学与非科学的划界

科学与非科学的划界问题简称为"分界问题"或"划界问题"，主要涉及科学同形而上学、非科学或伪科学的分界标准。Thagard 认为，科学哲学中最重要的规范问题就是划界[①]。关于科学划界的理论大致经历了四个阶段：实证主义的绝对标准—历史主义的相对标准—消解科学划界—以多元标准重新划界[②]。正式提出分界问题的是实证主义。实证主义大致经历了三代：孔德代表的社会实证论，马赫和阿芬那留斯代表的经验实证论，石里克和卡尔纳普为代表的逻辑实证论。实证主义为心理学提供了哲学方法论[③]。

西方心理学自建立伊始，便将成为一门自然科学作为学科目标。在科学观上，大胆采用实证主义标准，将心理现象等同于物理现象；在方法上，以经验方法为主导。具体而言，铁钦纳从马赫和阿芬那留斯接受实证论，开创了构造主义心理学。经典行为主义将实证主义发挥到极致。尽管第二代和第三代行为主义心理学借鉴了相对温和的逻辑实证主义，但在 20 世纪初，西方心理学的划界标准是绝对的。格式塔心理学和精神分析学派因

---

① Thagard P. Computational Philosophy of Science［M］. Cambridge，M A：The MIT Press，1988：157.

② 王巍. 科学哲学问题研究［M］. 北京：清华大学出版社，2004：125.

③ Staats A W. Unified positivism and unification psychology：Fad or new field?［J］. American Psychologist，1991，46（9）：899-912.

此被置于非主流地位。

历史主义的相对标准动摇了绝对标准的根基[1]。在库恩的视野里，科学只能由成功选择下的理论和实践表达。心理学家们用"范式"评估心理学的现时状态，其结论各不相同：有些认为心理学还不是一门科学；有些则认为心理学是一门范式科学[2]。观点冲突的原因，可能是库恩的范式形成和演变学说取材于物理科学的发展史，不能完全适用于分析心理学的划界问题[3]。

至于消解科学划界，代表性方案具有后现代性。费耶阿本德反对将科学作为封闭和凝固的体系，主张采用"怎么都行"的原则，把评判的权力交予社会[4]。叶浩生不认同"怎么都行"原则，认为该原则会导致心理学进一步分裂[5]。劳丹认为，不同时期的科学具有"认识异质性"，划界可能是伪命题[6]。可见，消解科学划界是一种变形的相对主义和虚无主义，注定了后现代心理学发展的不确定性。

客观主义的大一统标准让西方心理学遭遇合法性危机，库恩的范式论局限于分析物理学，消解科学观又不利于心理学的整合。不妨来看看多元

---

[1] 李静静，吴彤. 科学划界标准新探［J］. 科学学研究，2007，25（3）：425-429.

[2] Driver-Linn E. Where is Psychology going? Structural fault lines revealed by Psychologists'use of Kuhn［J］. American Psychologist，2003，58（4）：274.

[3] 叶浩生. 库恩范式论在心理学中的反响与应用［J］. 自然辩证法研究，2006，22（9）：31-35.

[4] Feyerabend P K. Farewel to reason［M］. Chicago and London：the university of Chicago Press，1975：20-28，269.

[5] 叶浩生. 有关西方心理学分裂与整合问题的再思考［J］. 心理学报，2002，34（4）：431-443.

[6] Laudan L. Progress or Rationality? The Prospects for Normative Naturalism［J］. American Philosophical Quarterly，1987，24（1）：20，24，26.

标准的科学划界，代表人物有邦格和萨加德。邦格从唯物本体论出发，主张以"知识领域"作为划界单元 ①；萨加德从逻辑、心理学和历史学相结合的角度给出了一个多元标准 ②。孟维杰认为，在多元标准下，西方心理学存在自然科学观、人文科学观、边缘科学观和文化观等标准 ③。站在多元标准下，通过多样化方法才能达到认识心理和行为的目的。

心理学至今也没有令人满意的科学划界标准。判定这一根本问题反映了心理学家的哲学观、科学观和理智背景，折射出时代的文化形态，更提供了理解心理学的不同视角和侧面。

二、科学发现的模式

科学发现是指从经验材料到提出新概念（或修正旧概念），从而为新理论奠定基础的过程。对科学发现的探究旨在寻求科学发现活动的规律性，即"科学发现的模式"。一般来说，科学发现的科学哲学取向也是心理学研究取向的理论基础 ④。

科学发现的模式可粗略地划为两个时期：经验主义时代和后经验主义时代。

---

① 马利奥·邦格，张金言. 什么是假科学？——只有检验许多特征才能明确区分假科学与科学［J］. 哲学研究，1987，33（4）：46-51.

② Thagard P. Computational Philosophy of Science［M］. Princeton：Princeton University Press，1992：12-38.

③ 孟维杰. 从科学划界看心理学划界的深层思考［J］. 科学技术与辩证法，2007，24（1）：27-31.

④ 袁维新. 科学发现过程与本质的多元解读［J］. 科学学研究，2008，26（2）：249-254.

（一）经验主义时代

在经验主义时代，逻辑实证主义认为，知识源于纯粹客观观察，经由科学方法得到；它提倡假设—演绎法，将科学发现视为一种始于观察、收集证据、实验验证的过程；科学探究是一种不断实验验证以发展理论的传承过程①。鉴于此，心理学界刻意追求设计的精巧、实验的严密和统计的高级，似乎只有通过实验和测量并使用数学方法才是心理科学。

（二）后经验主义时代

随着逻辑实证主义的衰落，心理学迎来了后经验主义时代。人们开始认识到假设—演绎法的局限性，对科学发现有了新的理解：以多元、历史和弹性的发现模式取代单一、被动和刚性的模式。受此影响，心理学研究取向表现出不同的研究潮流。例如，心理学吸收了库恩的非经验主义方法论，注重科学发现的非逻辑性和非理性；吸收胡塞尔的现象学方法，以直接经验为对象，借鉴现象还原、整体观和问题中心的发现模式；吸收释义学强调对精神生活意义和价值的理解与诠释，以解释人类经验文本；还吸收了社会建构主义对心理与行为的构建性，揭示科学发现的主观性和历史性②。

在心理学史上，那些宣称自己是唯一正确的理论和发现，最终事实却证明了它们的暂时性。探究科学发展的模式是为了总结出科学发现中具有普遍意义的方法论模式，以提高科学发现的效率。然而，人性是复杂的。对人性的研究发现模式也应该是复杂的，一蹴而就的模式注定会被历史否定。

---

① Zumdahl S. Chemical principles [M]. Lexington MA: DC Heath and Co, 1992: 6-8.

② 叶浩生. 后经验主义时代的理论心理学 [J]. 心理学报, 2007, 39（1）: 184-190.

三、科学理论的评价

科学理论评价问题的实质是如何在各个竞争性理论中做出合理选择；核心是提出一种评价或选择科学理论的合适标准。科学哲学界对科学理论的评价大体分为两派：一派主张用理性和逻辑的方法来判定理论的好坏，代表理论有逻辑实证主义和证伪主义；一派强调理论的社会文化维度，代表理论有历史主义和新历史主义[1][2]。

（一）理性与逻辑派

逻辑实证主义和证伪主义的视野中，好的理论必须根源于经验，从经验观察中进行提炼和抽象，并最终由经验事实来证实或证伪。它认为理论是对事实的归纳和抽象，理论是对事实的解释，理论是实验假设的来源，理论发展是一个知识累加的过程[3][4]。在此标准下，科学心理学一开始就非常注重以实验来收集证据。伍德沃斯的S-O-R公式、托尔曼的B=F(A、P、H、T、A)函数模型、赫尔的假设—演绎体系等心理学经典理论正是在此理论评价标准下建立并大行其道的。也是在此科学哲学背景下，冯特对民族心理学的研究被历史所忽视，精神分析理论被斥为"伪科学"。

（二）社会文化派

随着哲学、心理学的发展，理论评价问题逐渐进入后经验主义时代。

---

① 李连科. 关于科学理论的评价［J］. 社会科学辑刊，1986，8（4）：19-20.

② 龚耘. 关于科学理论评价问题的再思考［J］. 科学技术与辩证法，1998，15（5）：31-34.

③ Hong Y Y, Chao M M, Yang Y J, et al. Building and testing theories: Experiences from conducting social identity research［J］. Acta Psychological Sinica，2010，42（1）：22-36.

④ 叶浩生，汉克·斯塔姆. 什么是好的理论？基于理论心理学的视角（英文）［J］. 心理学报，2012，44（1）：133-137.

库恩认为评价理论的原则是随历史而变化的，不同范式间是不可通约的，持不同范式的科学家有不同的评价标准。费耶阿本德则逐步消解评价标准，认为在理论之间进行评价和选择是根本不必要的。

追溯西方心理学史，心理学界对心理学理论评价的宽容度是逐步提高的。早期表现是以往被置于偏流的精神分析、人本主义心理学逐渐成为心理学理论的一极。同时，学界开始意识到心理学的文化品性，跨文化心理理论、文化心理理论和本土心理理论如雨后春笋竞相建立。心理学家日益接纳多样性和包容差异性，心理学继续是一门令人激动的学科[①]。后现代理论将对心理学理论差异的宽容推向极致，人们可以在概念与逻辑、价值观与意识形态、修辞与叙事、应用与实践等不同的层次和水平上对理论展开评价。

关于科学评价问题，新近还出现了新的标准，如游戏标准、生态标准等[②]。一些标准业已对心理学的理论评判产生影响，如生态标准。此外，新标准对西方心理学理论评价的影响滞后，效应显现有待时日。

四、科学发展的模式

科学发展模式是对科学发展主要特征与内在机理的完整描绘。合理的科学发展模式既可以解释科学发展事实，也能深刻地说明科学发展的规律。关于该主题，现代科学哲学大致经历了逻辑实证主义的"确凿直线积累的证实模式"、波普的"科学知识增长的证伪模式"、库恩的"常规科学和科学革命交替模式"和拉卡托斯的"科学研究纲领模式"四个阶段。

---

① 赫根汉. 心理学史导论 [M]. 郭本禹，译. 上海：华东师范大学出版社，2006：978.

② 张之沧. 科学理论评价的标准和尺度 [J]. 自然辩证法研究，2002，18（9）：15-18.

逻辑实证主义的科学发展模式认为，科学是不断逼近真理的过程；在此过程中，理论不断地被证实是理论进步的标志。科学成为一项积累性的事业，科学进步意味着"确凿知识直线积累"。西方心理学通过费格尔实现了与逻辑实证主义的初次接洽。新行为主义者赫尔和托尔曼用逻辑实证主义的方法打破了华生等人的早期行为主义因有机体内部因素不能直接观察证实而不予研究的局限①。心理学的科学发展模式得以继续用经验实证的原则把科学理论的科学性建筑在人的感性经验基础上。

然而，逻辑实证主义所描绘的直线累积发展模式只看到了科学发展的连续性和渐进性，却忽视了科学发展的间断性和革命性。波普尔建立的批判理性主义率先对此发难，提出了"证伪说"，认为科学知识增长不是观察的结果，而是一种更令人满意的理论推翻旧理论的革命过程②。波普尔这种反归纳主义为西方心理学的发展寻找到了一种可能的新方法论，更深远的意义在于推动了逻辑实证主义转向历史主义③。

历史主义的科学发展模式可以表示为：前科学→常规科学→反常和危机→科学革命→新的常规科学→……。据此，Buss 认为心理学发展经历了行为主义、认知心理学、精神分析和人本主义四次革命④。历史主义制定出的科学发展的动态模式给心理学家树立了一个建立范式学科的奋斗

---

① 叶浩生. 库恩范式论在心理学中的反响与应用［J］. 自然辩证法研究，2006，22（9）：31-35.

② 卡尔·波普尔. 猜想与反驳［M］. 傅季重，纪树立，周昌忠，等，译. 上海：上海译文出版社，1986：40，215.

③ 任俊. 波普尔证伪主义的心理学意义［J］. 自然辩证法研究，2004，20（5）：45-48.

④ Buss A R. The structure of Psychological revolutions［J］. Journal of the History of Behavioral Science，1978，14（1）：57-64.

目标，唤醒了心理学的整合意识[①]。继库恩之后，拉卡托斯又提出了"科学研究纲领"，科学发展被描述为纲领进化阶段→退化阶段→新的进化纲领证伪和取代旧纲领的阶段[②]。郭本禹认为科学研究纲领理论比库恩的范式论更为合理，为解释和说明心理科学发展和演变提供了更为科学的方法论[③]。

五、小结与展望

当今科学哲学领域既没有形成重大的方法论观点，也没有出现在影响和声誉上能与库恩、波普尔和拉卡托斯同日而语的人物。科学哲学式微，甚至有走向终结之忧。于是，有观点认为科学哲学对心理学的影响正逐步削弱[④]。实际上，科学哲学不会走向终结，终结的是唯科学主义的传统科学哲学。心理学发展依然需要它的指导。不过，危机却真实存在，唯有实现研究转向才能得救[⑤]。

诚然，当前的文化转向、语言转向、解释转向和修辞转向已然为科学

①　叶浩生.库恩范式论在心理学中的反响与应用［J］.自然辩证法研究，2006，22（9）：31-35.

②　Lakatos I. Falsification and the methodology of scientific research programme［M］//Imre Lakatos, Alan Musgrave, Criticism and the growth of knowledge. Cambridge：Cambridge University Press，1970：91-195.

③　郭本禹.拉卡托斯的科学研究纲领理论与心理学史的方法论［J］.南京师大学报（社会科学版），1997，43（3）：86-89.

④　李刚.谈西方心理学主要流派的科学哲学渊源［J］.太原理工大学学报（社会科学版），2003，21（2）：52-54.

⑤　晏如松.科学哲学将走向终结吗？［J］.科学技术与辩证法，2003，20（5）：27-29.

哲学注入了动力①。同时，心理学亦出现认知转向、文化转向、语言转向等潮流。传统科学哲学主要回答了科学理性问题，现代科学哲学要探索人文理性问题。用科学理性解释自然，以人文理性去把握历史和文化。只有兼具科学理性和人文理性，才可能无限接近对人性的理解。传统科学哲学为心理学的科学理性扫清了道路。我们有足够的理由相信，现代科学哲学的人文理性将继续清扫心理学道路上的理论崎岖。

---

① 郭贵春，殷杰. 在"转向"中运动——20世纪科学哲学的演变及其走向［J］. 哲学动态，2000，22（8）：29-32.

第二章 科学哲学转向
与西方心理学的发展

当今科学哲学领域既没有形成重大的方法论观点，也没有出现能与孔德、波普尔和库恩比肩的杰出人物。科技哲学式微，甚至面临走向终结的危机。何以解忧？唯有实现科学哲学的转向[①]。无独有偶，西方心理学正深陷"康德式难题"：标榜科学性，却屡遭质疑；屡遭质疑，却仍被寄予厚望[②]。在这一纷乱中，西方心理学也在寻求转向。

所谓"转向"，即改变原有主题和观念，实现研究重点的转移和研究方法的变换。心理学虽脱离哲学，却无法回避哲学，尤其是对科学进行哲学反思的科学哲学。叶浩生主编的《心理学通史》中，论及流派历史时，必讨论其科学哲学背景。因此，科学哲学的转向势必会影响心理学对研究

[①] 晏如松. 科学哲学将走向终结吗？［J］. 科学技术与辩证法，2003，20（5）：27–29.

[②] 孟维杰. 从心理学文化转向到心理学文化品性探寻［J］. 自然辩证法通讯，2006，28（1）：16–21.

主题、研究线索和路径的选择。

20世纪以来，西方科学哲学经历了三次主要转向：社会—历史转向、文化转向和后现代转向①。本章循着科学哲学转向和西方心理学史的脉络，逐一解析科学哲学转向对西方心理学发展的影响及心理学的回应。需要强调的是，包括科学哲学在内的许多学科，尽管纷争激烈，但都一定程度走向了兼容并蓄的整合进程。因此，科学哲学的三大转向对西方心理学的影响是历时性与共时性并存的。

一、社会—历史转向与心理学人文社科化

从实证主义到历史主义是20世纪西方科学哲学的第一次转向。实证主义摒弃一切理论成见和形而上学，认为直接观察的事实是唯一不证自明的知识，建立了静态的关于科学证明的现代逻辑方法论。西方心理学在其引导下，在追求科学身份上迈出了关键一步②。

心理学从哲学中分离出来，成为一门独立学科。然而，心理学却走向了极端：铁钦纳将高层次心理活动排除在研究之外；华生使心理学失去了意识。尽管第二代和第三代行为主义心理学借鉴了稍温和的逻辑实证主义，但20世纪初，西方心理学的科学划界标准仍是绝对的实证标准。格式塔心理学和精神分析学派在此标准下被置于非主流，这一标准至今仍深入人心。

事实上，科学哲学并非研究科学家应该如何做，而是描述他们实际怎

---

① 洪晓楠. 20世纪西方科学哲学的三次转向 ［J］. 大连理工大学学报（社会科学版），1999，20（5）：57-61.

② Staats A W. Unified positivism and unification psychology: Fad or new field? ［J］. American Psychologist，1991，46（9）：899-912.

么做。历史主义将科学因素与社会因素联系起来，反对超历史的方法论原则和标准，反对静态分析与机械"积累观"，从而推动了科学哲学与人文解释学、科学社会学及认识心理学等学科的相互渗透。在历史主义影响下，弗洛伊德在其生命后期逐渐认识到心理学不同于物理学、生物学等自然科学的性质；第二代和第三代精神分析学派关注普通人的动机、情绪和人格，用以理解人性及社会文化生活。这也直接影响了后来人本主义心理学的产生。

心理学流派时期对社会—历史转向的回应尚不充分。然而，在20世纪70年代，心理学界开始了学科危机的大讨论，反思实证主义自然科学思维模式，认识到心理和意识的社会历史特征。Gergen指出，人的心理不同于自然科学所研究的物质，缺乏一般物质所具有的不随时空的相对稳定性。因此，因果关系模式不适合心理学[①]。Sampson甚至提出要从自然主义模式向社会文化模式转变，以实现一场"范式"革命[②]。

如今，越来越多的心理学家转向社会文化模式的心理科学观，承认心理学的文化历史特性，承认心理学知识和理论观点必然反映特定的历史文化内容。在研究方法和路径上，以更加宽容的态度对待各流派的研究方法，并大胆借鉴社会学、人类学等其他学科的研究方法。社会—历史转向惠及心理学的各个领域，使心理学的解释力和说服力更强，为心理学争取到了更多的合法地位。

历史主义转向强调科学的时代性和历史性，这一见解无疑是深刻的。

---

① Gergen K. Teaching psychology of gender from a social constructionist standpoint [J]. Psychology of Women Quarterly，2010，34（2）：261-264.

② Sampson R J. Gold Standard Myths：Observations on the Experimental Turn in Quantitative Criminology [J]. Journal of Quantitative Criminology，2010，26（4）：489-500.

历史分析法、历史观察法和发生学法等历史方法在本质上是辩证的，比逻辑实证主义的"科学逻辑"更合法。然而，过分强调科学的价值性，轻视真理性，可能会为相对主义和非理性主义打开方便之门。要警惕西方心理学的科学主义倾向，但也不能从一个极端滑向另一个极端。

二、文化转向与心理学文化主义

科学哲学的文化转向在对逻辑经验主义的批判和历史主义的发展过程中进行，是由科学史、科学哲学和科学社会学研究共同汇成的一股洪流①。历史转向将科学主题注入历史社会维度，为科学理性加入多样的价值理性；文化主义转向则将科学作为一种文化意义来解析②。换言之，科学哲学开始走出单纯的社会历史局限，预示着进一步走向人文主义，带有浓厚的文化哲学色彩。曹天予认为，科学哲学中，分析哲学的逻辑语言要淡出，历史、社会和文化方法要兴起③。

自冯特建立科学心理学以来，心理学一直以科学主义的逻辑语言为标榜，预言要以物理学语言统一心理学，追求实验方法的精致。这种对人自然品性的追求使心理学陷入了难以摆脱的窘境。在何去何从的路口，文化转向无疑为拯救心理学开出了一剂良方。

通过跨文化心理学、文化心理学和本土心理学，文化转向为心理学开疆辟土，极大地拓展了心理学的研究视域。同时，文化转向也为当代心理

---

① 洪晓楠. 20世纪西方科学哲学的三次转向［J］. 大连理工大学学报（社会科学版），1999，20（5）：57–61.

② 刘珺珺. 科学社会学的"人类学转向"和科学技术人类学［J］. 自然辩证法通讯，1998，43（1）：25.

③ 曹天予. 西方科学哲学的回顾与展望［J］. 自然辩证法研究，2001，17（11）：5–7.

学家提供了了解人类行为的新方法论。因此，Pedersen 指出，以文化为中心的观点提供了除精神分析、人本主义和行为主义之外的第四种视角①。

文化转向除却为心理学带来全新的主题和研究线路外，还为心理学注入了一种"文化反思精神"。通过心理学文化反思，对每一种心理学生存和发展的文化现实和土壤予以全面的理解。从文化学的视角，将心理学的研究对象、使用概念、心理学者的生存方式、心理学常识性、心理学民族性和心理学理论等元素置于文化框架下进行具体而细致的文化学分析和探讨后，揭示出心理学各个元素的逻辑、理性和理智层面的自然科学品性遮蔽下若干重要的文化特征，将被遮蔽的文化品性彰显出来，还原心理学本来的真实面目②。

因此，心理学文化转向一方面在尝试回答"心理学到底是什么""心理学向何处去"等深层次问题，另一方面也是心理学自我批判和挑战现代心理学的重大体现。实际情况也证明这种转向的合理性和进步性。虽然文化转向为心理学向广度和深度迈进开创了局面，但是能否作为心理学的一种归宿和终极目标，目前还不便妄下结论③。

三、后现代主义转向与心理学的多元化

科学哲学的前两次转向是从框架内部修补过度追求科学理性所造成的

---

① Pedersen P. Multiculturalism and the paradigm shift in counseling［J］. Canadian Journal of Counseling, 2001, 35（1）: 15–25.

② 孟维杰. 从哲学主义到文化主义——心理学时代发展反思与构想［J］. 河北师范大学学报（教育科学版）, 2007, 9（2）: 79–84.

③ 孟维杰. 从心理学文化转向到心理学文化品性探寻［J］. 自然辩证法通讯, 2006, 28（1）: 16–21.

缺陷，试图继续捍卫科学的理性与进步。而后现代转向则直接告别理性，否认科学经验，消解基础主义和实在论。

实现科学哲学后现代转向的路径有多种方案，包括修辞语言学转向、认知转向、女性主义转向、价值论转向、社会建构主义转向以及信息哲学转向等。同样，后现代心理学也是一个宽泛的概念，它涵盖社会建构论或社会建构心理学、叙事心理学、解构心理学、多元文化论思潮、后现代女性心理学等。

现代科学哲学体现了一种对科学的信任态度，而后现代科学哲学则拒斥科学，成为一种"不要科学的科学哲学"。同样，现代心理学建立在实在论基础上，认为心理具有客观规律；而后现代心理学则反对实在论，消解了客观规律。科学哲学的后现代转向为应对科学的现代性危机提供了方向，而心理学的后现代转向则为分析人性提供了新的视角，如女性视角、弱势群体视角和建构主义视角等。

在评价科学哲学的后现代转向时，哲学界一直莫衷一是。后现代主义者在颠覆科学主义的同时，也颠覆了整个科学哲学。在分析心理学的后现代转向时，关于其存在前提、理论构想、观念转换和未来发展等问题，学界也是议论纷纷：一是持科学主义的反对态度，认为心理学的后现代倾向是一种值得警惕的危险倾向[1]；二是以人文主义立场肯定后现代心理学的合法性和价值，认为其正在并终将产生显著而深远的影响[2]；三是折中主义，既肯定其进步与合理的成分，又持观望态度。

---

① Smith M B. Selfhood at risk: postmodern perils and the perils of postmodernism [J]. American Psychologist, 1994, 49 (5): 405–411.

② Slife B D, Wiliams R N. Toward a theoretical psychology: should a subdiscipline be formaly recognized? [J]. American Psychologist, 1997, 52 (2): 117–129.

就该问题的评价，赫根汉认为心理学应积极接纳多样性和包容差异性；如此，心理学将继续成为一门令人激动的学科[①]。因为，所有正确的观点，无论是经验的还是非经验的，都应得到聆听，并被接受为可行的解决方法[②]。后现代理论将对心理学理论差异的宽容推向极致，人们可以在概念与逻辑、价值观与意识形态、修辞与叙事、应用与实践等不同层次和水平上对理论展开评价[③]。

四、小结与展望

通过对科学哲学转向和西方心理学演变的历史考察，可以得出以下四点结论。

其一，科学主义的浪潮使科学哲学走向兴盛，也使西方心理学登上历史舞台。同时，科学主义也使科学哲学陷入困境，并让西方心理学面临合法性危机。

其二，"科学的逻辑"无法解决历史问题和文化问题，历史主义转向和文化转向对科学主义的批判具有其逻辑必然性。人性既有物性，也有历史性和文化性。强调人的自然性，不能排斥人的社会性和人文性。

其三，后现代主义并非科学哲学的最终归宿，后现代心理学也并非西方心理学的最终出路。然而，我们需要更多的视角来整合性地看待哲学和人性，这是时代的要求和趋势。

---

① 赫根汉. 心理学史导论［M］. 郭本禹，译. 上海：华东师范大学出版社，2006：978.

② Indick W. Fight the power：the limits of empiricism and the costs of positivistic rigor［J］. The Journal of Psychology，2002，136（1）：21–36.

③ Hong Y Y, Chao M M, Yang Y J, et al. Building and testing theories：Experiences from conducting social identity research［J］. Acta Psychological Sinica，2010，42（1）：22–36.

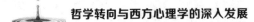

其四，科学哲学的三次转向以及心理学随后的回应都是主题的转换，转向理解历史性、人文性和非实在性。这三个主题虽然相互联系，但并不能相互替代。

心理学在科学哲学的指导下既取得了成果，也吞噬了恶果①。然而，科学哲学在20世纪进行的几次重大转向，无疑是学科内外部矛盾共同作用的结果。三次重要的转向是大势所趋，也是学科发展的必然步骤。紧随其后，西方心理学在研究对象的扩展、方法的深入和路径的选择上体现出巨大的进步，也为更好地认识人性积累了大量的知识。

费耶阿本德曾宣告科学哲学是一门"有伟大过去的学科"②，同时也是一门"没有未来的学科"③。无论这一论调是否危言耸听，科学哲学的危机却真实存在，唯有实现研究转向才能得救④。诚然，近年的文化转向、语言转向、解释转向和修辞转向已为科学哲学注入了新的动力⑤。同时，心理学也出现了认知转向、文化转向、语言转向等潮流。

科学主义，尤其是逻辑实证主义科学哲学，回答了科学理性问题，为西方心理学的科学化、精致化和合法化作出了卓越贡献。社会—历史主义转向、文化转向和后现代转向继续对科学进行反思。用科学理性说明自然

---

① 车文博. 西方心理学史［M］. 杭州：浙江教育出版社，1998：640，653.

② Feyerabend P K. Farewel to reason［M］. Chicago and London：the university of Chicago Press，1975：20–28，269.

③ 约翰·洛西. 科学哲学历史导论［M］. 邱仁宗，译. 武汉：华中工学院出版社，1982：227.

④ 晏如松. 科学哲学将走向终结吗？［J］. 科学技术与辩证法，2003，20（5）：27–29.

⑤ 郭贵春，殷杰. 在"转向"中运动——20世纪科学哲学的演变及其走向［J］. 哲学动态，2000，23（8）：29–32.

性，用社会和人文理性理解历史性和文化性。科学哲学的研究领域和理论定位日趋模糊了自然学科、社会学科和人文学科之间的界限①。因此，只有将人的自然性、社会性、人文性和超越性相结合，才可能无限接近对人性的理解。这也是科学哲学转向给予西方心理学自我探寻的最宝贵启示。

①　殷杰. 当代西方的社会科学哲学研究现状、趋势和意义［J］. 中国社会科学，2006，27（5）：26-38.

第三章 语言转向与西方心理学理论和研究的深入发展

  哲学问题本质上是语言问题，语言转向是西方哲学经历的第二次根本性变革。在古希腊时期，哲学家致力于本体论，追问存在的本质。自笛卡尔以降，哲学的首要问题从"存在什么"转变为"何以知道"，即追问认识的依据、能力和限度，这被称为"认识论转向"。第二次转向则将语言置于优先地位，重点不再是考察认识的依据，而是追问知识表达的意义。语言转向孕育于弗雷格建构数理逻辑对数的意义追问，萌芽于罗素的摹状词理论，实现于维特根斯坦的语言与实在同构论断，完成于后期维特根斯坦的语言游戏理论①。至于"语言转向"是否已成过去，尚存争议。

  西方哲学从传统的古代本体论和近代认识论转向以语言问题为中心的语言哲学，是哲学摆脱内在危机的途径，对西方心理学摆脱"康德式难题"

---

① Klippel A，Montello DR．Linguistic and nonlinguistic turn direction concepts［C］// International Conference on Spatial Information Theory．Berlin，Heidelberg：Springer Berlin Heidelberg，2007：354–372.

具有重要意义，关切到心理学研究主题、线索和路径的选择。这种影响和关切是历时性和共时性并存的。那么，西方心理学的"语言转向"究竟是指什么？笔者认为，心理学的"语言转向"是在反思和批判近代认识论所造成的学科危机话语背景下，包含西方心理学对语言问题的高度重视，更是指在理论和研究中自觉地探讨和反思人性、实在和语言的关系。人性的意义不仅是被某种语言表达或反映，更是被语言所创造。

然而，西方心理学长期以来存在"语言缺位"。有研究开始反思西方心理学语言缺位的表现和原因，以及语言学转向的理论意义、渊源和整体表现①。但是，鲜有详细探讨不同的语言转向方式及其对西方心理学理论和研究变迁所产生的影响。西方哲学的语言转向企图克服近代认识论的认识模式，努力在语言基础上重建哲学大厦。在这一卓绝努力中，出现了三种不同的转向语言方式：英美分析哲学、德国解释学和法国结构主义②。本章拟具体探究不同语言转向方式的内在理路，据此探讨其对西方心理学研究主题的改变，研究重点的转移以及研究方法的转换所产生的影响。

一、分析语言与西方心理学科学进路的深入

分析哲学是一次与传统哲学的诀裂，是另一场"哥白尼式的革命"③。尽管在如何对待语言的问题上，分析哲学家存在理想语言和日常语言的分歧，但他们一致认识到传统认识论哲学的各种缺陷，并将研究重点由主体生理—心理层面或纯粹的推理转向语言的精准和逻辑分析。源于内在的自

---

① 周宁，刘将. 论心理学的语言学转向［J］. 西北师范大学学报（社会科学版），2007，44（6）：71–75.

② 邓安庆. 论现代哲学的语言转向［J］. 学术论坛，1990，23（6）：9–23.

③ 邓安庆. 论现代哲学的语言转向［J］. 学术论坛，1990，23（6）：9–23.

我批判，分析哲学大体可分为二战前夕的逻辑实证主义阶段和二战后的语言分析阶段（主要是心灵哲学），其区别可概括为一个研究纲领和两种语言区别的信念：研究纲领试图为诸如语言、知识、意义和真理等寻找基础；两种区别，一是分析命题和综合命题的区别，另一个是描述语句和评价语句的区别①。

分析哲学的每一步发展，都可以看到科学心理学律动的身影。概括而言，科学心理学诞生之后，类似心灵、意识和认识成为心理学和哲学共同探讨的问题。甚者，科学心理学为心理主义思潮的流行起了推波助澜的作用。哲学逻辑被心理主义归结为经验的心理活动规律，是经验的综合。若不能战胜心理主义，哲学将会丢失最后一块阵地②。为摆脱危机，弗雷格建立命题演算和谓词演算系统，探讨指称和意义等基本范畴，研究客观知识的逻辑结构。沿着这个思路，早期分析哲学代表石里克、卡尔纳普等建立逻辑实证主义，揭示知识和感觉经验的关系，为第二代和第三代行为主义心理学的发展做了哲学铺垫③。

20世纪50年代后，逻辑实证主义走向衰落。任何观察都受经验的影响，都有理论负荷，建立在经验基础上的客观知识是不可靠的④。这与格式塔主义心理学的知觉理论不谋而合，也影响到了新精神分析学派的演进，以及人本主义心理学的发展。同时，开启了20世纪70年代心理学界对学科危机的大讨论。在20世纪最后的30年，分析哲学的兴趣从意义和指称问

① J. R. 塞尔，崔树义. 当代美国哲学［J］. 世界哲学，2001，46（2）：3-10.

② 江怡. 当代分析哲学的最新发展［J］. 厦门大学学报（哲学社会科学版），2004，45（2）：5-12.

③ 叶浩生. 后经验主义时代的理论心理学［J］. 心理学报，2007，39（1）：184-190.

④ Hanson R. Patterns of discovery［J］. The Philosophical Review，1960，69（2）：247-252.

题转向了人类心灵问题。人作为语言使用者这一主体功能凸显，知觉、思维、信念和意向不可避免地影响到语言形式和语言使用者。语言的外在表现不再是重点，重点转向语言使用者的心理过程。心理主义的价值重新被发现。

心理主义的回归一定程度上归功于皮亚杰的发生认识论和现代认知科学，他们为心理和逻辑的融合创造了条件①。同时，心灵哲学承接传统哲学的身心关系等问题，在认知神经科学所积累的成果基础上，深入探讨了心理归因、感知与行为、语言思维等认知问题，为认知心理学研究认知内部机制提供哲学依据。另外，心灵哲学继续思考身心二元问题，并提出不同的解答思路，如类型同一论、功能主义、行为主义、因果作用同一论、伴随性物理主义、构成性物理主义、常识心理学、反个体论和模拟论②。其中，类型同一论和功能主义影响最甚，二者是信息加工心理学和认知神经科学发展的科技哲学基础。

分析哲学澄清了哲学语言，把康德对知识能力的先验批判变成了对形而上学语言的批判，防止由语言误用而产生的虚假问题，目的是加强语言的逻辑功能，确保概念的确定性。尽管如此，分析哲学还是忽略了语言中所凝结的社会历史意义和个人情感意志③。分析哲学根深蒂固的文化追求是不受时间限制和不可更正的真理。大半部西方心理学史亦以此为目标，但从未真正达成过。倘若分析哲学要保留实现其科学幻想和完整专业化梦想的话，那么他们自身就永远处于狭隘和不受时间限制的、陈腐的危机中。

---

① Pelletier J, Elio R, Hanson P. Is logic all in our heads? From Naturalism to Psychologism [J]. Studia Logica, 2008, 88（1）: 3–66.

② 江怡. 当代分析哲学的最新发展 [J]. 厦门大学学报（哲学社会科学版），2004，45（2）: 5–12.

③ 邓安庆. 论现代哲学的语言转向 [J]. 学术论坛，1990，23（6）: 9–23.

因为"我不相信存在任何叫作'概念'和'意义'的那种可以分析的天然金块"①。

二、解释语言与西方心理学人文进路的深入

解释学以另一种姿态转向语言，它不是用语言逻辑来填补传统认识论的留白，而是把目光投向神话、语言、宗教和艺术，以此追究人生意义。真理与语言相联系，能被理解的存在就是语言，是解蔽和遮蔽的统一②。诠释学中理解与文本的关系，就是人与世界的关系，理解参与意义的形成。解释学转向运动的深入发展，在更广阔的时间序列和社会空间上影响和推动了心理学的进步。但是，心理学的解释学转向不是改变传统的研究对象，而是改变研究策略和线路，即心理学不只是一种知识体系，更是一种活动体系，是确定和发现人性意义的实践③。以下将该讨论如何获得理解。

（一）诠释学返回到希腊语源的词根分析法

海德格尔认为，西方哲学语言的意义分裂始于拉丁化时期，罗马思想并没有真实地接触过希腊词语，表面上真实可靠的翻译实则遮蔽了希腊语言的本真意义。伽达默尔、利科和德里达都试图把语言的本真意义从日常语言的遮蔽中解救出来。狄尔泰将该思想引入心理学，区分了解释心理学和理解心理学，促成心理学第三势力的生长。

人的心理和行为被视为待解释的文本，需要通过理解和体验的方式来解释，需要重拾被忽略的社会—历史—文化维度。通过理解和体验，直观

① R.罗蒂，陶黎铭. 后哲学文化［J］. 哲学译丛，1989，13（2）：56–58.

② 海德格尔. 存在与时间［M］. 陈嘉映，王庆节，译. 北京：读书·生活·新知三联书店，2006：259.

③ 叶浩生. 后经验主义时代的理论心理学［J］. 心理学报，2007，39（1）：184–190.

和生活地把握对象的内在精神和价值，这为研究人类高级、复杂的心理过程和状态奠定了方法论基础。

（二）诠释学回到存在的语言

既然日常语言研究的迷途是把语言当作工具，人文哲学家就要将语言视为工具转到将语言视为存在。语言不是随意地夸夸其谈，而是人"存在的家园"。语言和心灵最密切的关系表现在语言和思维。据此，西方心理学开始通过语言符号来理解人性，是语言说人，而非人说语言。

人格心理学领域开展以词汇学假设探究人格；叙述社会心理学兴起了社会心理学的一种另类叙述，修辞和叙述直接成为研究对象。另外，存在意义上的语言理论助力了西方心理学人文主义转向、复兴文化心理学以及研究方法的多元化发展。

（三）诠释学提出存在的语义生成论

所谓语义生成，就是指语言意义不是独立和固定的，而是正在发生且没有终结的动态过程。该动态过程既有生成特征，也有创造性和开放性特征。解释学语义生成论的提出不仅在语言学界产生巨大影响，也引起心理学对语言分析问题的关注。

心理学主要关注语义知识的表征及应用于语言理解，进而了解人类语言理解的语义分析过程，并建构更符合人类心理活动规则的语义分析模型。在此理论背景下，Kintch 提出命题网络模型，Aderson 和 Bower 提出 HAM 模型。尽管如此，语言学家和心理学家并不能完全同步，二者时而相互迁就，时而相互拆台[1]。

---

[1] Ahmad S, Li K, Li Y, et al. Formulation of Cognitive Skills: A theoretical model based on psychological and neurosciences studies ［C］//2017 IEEE 16th International Conference on Cognitive Informatics & Cognitive Computing（ICCI* CC）. IEEE, 2017: 167–174.

诠释学和分析哲学并不对立，而是语言转向的互补形式。在分析哲学看来，关于语言和意义的恰当诠释问题，表现出从"逻辑原子主义"的句法—语义学模式转向彻底语用化的语言游戏模式①。这促使处于危机中的心理学选择学科宽容和多元化视域。但是，解释学转向所奉行的"怎么都行"原则很容易导致心理学陷入相对主义、情境主义和主观主义。另外，在本体论解释学流行时，哈贝马斯提出和发展了批判解释学，批判解释学追问理解的前提和预设，具有建构主义色彩，这又契合心理学的后现代转向路径。在概念和逻辑、价值观和意识形态、修辞和叙事等维度上，后现代心理学将差异化和宽容推向极致②。

三、结构语言与西方心理学秩序进路的深入

语言转向的第三种方式是结构主义语言。结构主义语言对语言意义进行二重划分，即语言与言语、能指与所指、共时与历时以及同一与差异。结构主义语言否定语言内容优先，强调语言形式的独立性和自足性③。由此，传统哲学中的主体地位在语言中消失，被语言的结构所取代。结构主义语言学模式为人文社会科学提供了一种范式期待，期望用一种全新的方式，使其得到科学和严谨的表述④。结构主义从一种语言学理论演变成一股社会思潮，为包括心理学在内的人文社会科学研究提供了一套全新的方

① Habermas J. Truth and justification [M]. Cambridge, MA: MIT, 2003: 51–52.

② Hong Y Y, Chao M M, Yang Y J, et al. Building and testing theories: Experiences from conducting social identity research [J]. Acta Psychological Sinica, 2010, 42 (1): 22–36.

③ Frie R. Psychoanalysis and the linguistic turn [J]. Contemporary Psychoanalysis, 1999, 35 (4): 673–697.

④ Hall S. Cultural studies: Two paradigms [J]. Media Culture & Society, 2016, 2 (1): 57–72.

法论。

索绪尔是现代语言学的奠基人和结构主义的创始人，其结构主义语言学受到弗洛伊德的影响。弗洛伊德认为行为受到一定规范系统的制约，这套系统在于语言规则。结构主义语言学受到心理学流派时期的思想影响，成型后的结构主义语言学也使格式塔、乔姆斯基的结构主义语言学和发生认识论得以发生和发展。拉康将语言学和结构主义的方法引入精神分析学，重建古典精神分析理论，提出潜意识具有类似语言的结构，潜意识冲动具有逻辑性的语言结构，使精神分析学从医学模式转变为语言伦理学模式。不容否认，结构主义语言学对心理学的影响并未摆脱对科学逻辑的依赖。语言结构付诸心理之前，始于数理结构，途经生物学和物理学。

索绪尔之后，结构主义发展出以特鲁别茨科依为代表的布拉格学派、以乌尔达尔为代表的哥本哈根学派以及以萨丕尔为代表的美国结构主义学派。20世纪五六十年代以来，出现了以结构主义为主要倾向的心理学新思潮。这一新思潮表现为以一些专题性的小型理论取代学派期的宏大叙事，例如人格心理学、教育心理学、社会心理学和发展心理学的蓬勃发展。这些专题心理学提出了一系列带有结构主义倾向的理论，例如人格结构理论、结构主义教学理论、结构与行动分歧理论、终生心理发展序列理论等；同时秉承结构主义的方法论，将研究对象作为一个具有一定结构和功能的整体加以考察。

结构主义语言推进心理学深入发展的关键在于其结构主义方法论。不论是主体外部的实践性活动，还是主体内部的概念性活动，都有两个显著特征：结构性和功能性①。

---

① 程利国. 论现代心理学研究的方法论原则［J］. 福建师范大学学报（哲学社会科学版），1999，44（2）：118-125.

结构具有整体性、转换性和调节性要素。心理结构是整个机体实践性活动格式体系逐步内化的产物。结构主义作为一般科学方法论，是哲学方法论和具体方法技术之间的中介和桥梁。心理学的结构主义既不能摆脱哲学方法论的指导，又受制于心理学的具体方法技术。由此理解，心理学诸多具体研究方法的创新都发端于结构主义方法论，方法创新又推进了心理学各主题理论和研究的发展。

20 世纪 30 到 50 年代，以现象学和存在主义为代表的主体论哲学一统天下。基于欧洲形式主义和结构语言学纲要，结构主义提出以"结构分析"代替以"主体"为中心的思维模式，因此是反人道主义的。此外，结构主义将社会和历史分割开来，因此又是反历史的。这是结构主义走向衰落的主要原因之一，也公然违抗包括心理学在内各学科重视人文和历史维度的时代潮流。"五月风暴"前后，结构主义内部发生分化，一股解构的风尚兴起。对后结构主义而言，"结构"不再是探究的目标，而是攻击的靶子；不再是需解开的秘密，而是需打碎的牢笼。心理学的后结构主义取向也悄然兴起。

四、小结与展望

心理学脱离哲学，但终归不能回避哲学。事实上，心理学理论和研究的深入发展与主导型哲学思潮的变迁紧密相连。哲学本体论阶段、认识论阶段和语言哲学阶段对心理学发展的意义不言而喻。心理学哲学层面的困境和解释至少有三种重要表述：①巴斯在《心理学革命的结构》中提出西方心理学经历了四次革命；②肯德斯在《进化还是革命》中不赞成革命的提法，认为只是进化；③华生则提出了 18 对以对立形式呈现的范畴[①]。这

---

① 叶浩生. 后经验主义时代的理论心理学［J］. 心理学报，2007，39（1）：184–190.

三种表述各有侧重和合理处，但都是在本体论和认识论预设下提出的。认识论是否有权来审视和裁决这些问题，是否能以"第一原理"的姿态为心理世界安排等级和秩序？这是个问题。

显然，语言哲学不能接受这种裁决和秩序。首先，近代认识论哲学混淆了认识发生发展的心智过程与寻找知识确定性问题：前者是生理、心理学的问题，任务是说明个体何以成为知识的媒介物，成为认识发生的主要载体。后者则是一个证明的问题，是依据科学的实证材料，证明确定知识何以可能。其次，近代认识论哲学没有解决好主客二分困境。知识何以可能的回答被宣告失败，使得主体性被抛弃，确定推论被否定。库恩、费耶阿本德、拉卡托斯等科学哲学理论的盛行，知识以认知者文化、社会历史、地域和民族为转移，知识附庸于意识形态[①]。紧随其后，客观上促成了西方心理学理论和研究的多元化特征，西方心理学也同时进入危机话语时代，危机至今始终没有解除。

近代认识论为心理学走向独立和发展清扫过道路，也制造了新的障碍。语言转向担负起清理这些障碍的任务，一方面试图通过共同体的语言和行动使知识得以可能，恢复自然实在论和科学的地位；另一方面拒斥近代以来的主客关系，将主体性消融在语言的界限中。分析哲学、解释学和结构主义推动心理学关注语言建构和文本陈述，催生了新的心理学理论和研究。然而，任何理论的效用都有其限度和边界。不到20世纪结束，形形色色的"转向"竞相登场。语言转向或已成为过去，或已被类似"概念转向"和"表征转向"所取代，或者需要"再次回到语言转向"[②]。

---

① 江天骥. 科学理论的评价问题［J］. 哲学动态，2000（1）：35-36.

② 胡欣诣. "语言转向"已成过去了吗？——哈克与威廉姆森之争［J］. 哲学分析，2012，3（5）：121-138.

西方哲学是西欧民族的意识形态。若希望打破西欧文明本身呈现的困境和危机，有必要不断修正自身的思考方式和理论框架。文艺复兴和启蒙运动使理性取代上帝，成为一切主宰。人要认识世界必须通过理性，作为认识世界的语言理性被信任和推崇。维特根斯坦之后，人要认识世界，首先要认识叙述理性的语言，认清人的语言存在。最大的问题在于，以语言来认识语言，是否注定这种认识终归就是"游戏"[①]。因此，既要肯定语言转向的积极意义，并以此指导西方心理学继续前行；也要认识到语言转向是一个无法自圆其说的封闭的逻辑圆圈。它不可能是"哲学的终结"，亦不可能护送心理学走向圆满。

---

　　① 覃安基. 从语言到语言：一个无法自圆其说的"游戏"——20 世纪语言学转向及其影响研究［J］. 广西社会科学，2011，37（2）：117–120.

第四章　修辞转向与社会心理学
理论和研究的深入发展

伏尔泰曾言："上帝给予生命礼物，而'生活得好'是生命给予自己的礼物。"在当今时代，关注并解析美好生活问题显得尤为重要。然而，这不仅是一个科学问题，更是一个价值问题，只不过涉及科学本质和生活方式的理论各有其前提，界限分明①。前者属于逻辑的范畴，后者则超出了逻辑的理念，填平二者之间的鸿沟亟待语言转向，即将语言置于优先地位，重点不是考察认识的依据，而是追问知识表达的意义。

"语言，连同它的问题、秘密和含义，成为 20 世纪认知生活的范型与专注对象。"② 语言的边界，就是世界的边界。经海德格尔、伽达默尔到萨特的发展，语言和存在紧密联系，并被提升到存在的高度。认识世界首先要认识叙述世界的语言，认清人的语言存在。语言成为存在的家园，"人

---

① 罗素. 西方哲学史（下）［M］. 马元德，译. 北京：商务印书馆，2011：395-396.

② 伊格尔顿. 二十世纪西方文学理论［M］. 伍晓明，译. 西安：陕西师范大学出版社，1987：121.

诗意地栖息在语言上"。然而，任何理论的效用都有其限度和边界，问题在于以语言来认识语言是否注定这种认识终将是一场"游戏"①。

解决迷思需要再次回到语言，回到语言修辞，因为不存在"非修辞"的天然语言②。19世纪末，尼采就超前地认识到，修辞并非与真实不相容的虚假，语言本身就是修辞艺术的产物。20世纪中前期，传承自古希腊、古罗马的古典修辞在语言学领域于沉寂中被唤醒。继哲学的语言学转向后，出现语言学的修辞转向以及新修辞学运动。修辞不再是单纯的文饰技巧，真理和知识通过修辞被建构，修辞和思想共生。观念和态度根据对"人"主体观念的变化而变化③。

古希腊修辞研究起源于民主演说，主要基于"可能"原则，但有别于"真/假"。柏拉图比较了哲学和修辞学后，认为前者追求绝对，后者巧言令色。亚里士多德比较了辩证学（逻辑）和修辞学后，认为前者事关推演与判断，后者关乎或然。伊索克拉底则认为，修辞学是政治学。真实世界是一个修辞的世界：存在体验是修辞化的，人对世界的理解和表达也是修辞化的，经不起反驳就不是真理④。

修辞存在于一切人类交往行为和文化现象中，组织和规范人类思想和

---

① 覃安基. 从语言到语言：一个无法自圆其说的"游戏"——20世纪语言学转向及其影响研究［J］. 广西社会科学，2011，37（2）：117–120.

② 温科学. 二十世纪西方修辞学理论研究［M］. 北京：中国社会科学出版社，2006：94.

③ Richard Y，Becker A，Pike K. Rhetoric：Discovery and change［M］. New York：Harcourt Brace，1970：6.

④ Johnstone W. Truth，communication and rhetoric in Philosophy［J］. Revue International De Philosophies，1969，23（4）：404–409.

行为的各个方面，人不可避免地是修辞动物[1]。新修辞学运动的合法性在于，在非肯定世界和非完满世界中提供有价值变化和适应所需的概念、原则和程序。"修辞学"和"修辞转向"正在被许多国家奉为文化拯救和通向美好未来的灯塔[2]。概言之，解答何谓"美好生活"，需要语言哲学清扫道路，需要回到语言修辞。

于中国的社会心理学而言，满足人的美好生活需求就是"要加强社会心理服务体系建设，培育自尊自信、理性平和、积极向上的社会心态"[3]。现实的中国社会和中国社会的现实期待社会心理学做出独特贡献。人民对美好生活的向往，也是社会心理学的奋斗目标。然而，在社会快速转型的情况下，社会心理学却似乎沉溺于"危机话语"的漩涡中。"危机话语"大体发端于 20 世纪五六十年代的欧美，主要表现如下。

（1）不满于实证主义。格根认为，实验社会心理学不可能是科学，因为它所处理的主要题材具有文化和历史的特殊性[4]。

（2）不满于实验方法。Ring 斥责当时的社会心理学浮夸，卖弄聪明的实验设计，而不是认真建立一套有价值的知识[5]。

（3）不满于个人主义立场。Farr 指出，实验社会心理学的研究取向，

---

① Kenneth B. Rhetoric old and new ［J］. Journal of General Education, 1951, 5（3）: 202-209.

② 劳伦斯·葛林，陈汝东. 全球修辞学史研究 ［J］. 江汉大学学报（人文科学版），2007, 25（1）: 74-78.

③ 陈雪峰. 社会心理服务体系建设的研究与实践 ［J］. 中国科学院院刊，2018, 33（3）: 308-317.

④ Gergen J. Social Psychology as history ［J］. Journal of Personality and Social Psychology, 1973, 26（2）: 309-320.

⑤ Ring K. Experimental social psychology: Some sober questions about frivolous values ［J］. Journal of Experimental Social Psychology, 1967, 3（2）: 113-123.

扼杀了早期心理学家们对集体心理学的兴趣[①]。

由此,时代使命、公众期待和学界自信之间形成尖锐冲突。何以突围? 唯有转向。哲学的每一次转向对心理学研究主题、研究线索和路径选择都 会产生重要影响,引导心理学自我探寻和重新上路。作为返回生活世界的 哲学实践,"修辞转向"为破解社会心理学危机话语提供了一种变局方案, 促进社会心理学理智地进一步发展,以及时、有效地回应时代关切。

一、社会心理学修辞转向的历史逻辑

探讨修辞转向与社会心理学的历史勾连颇为复杂,需要以稽古的精神 予以考察。稽古的首要目的并非历史编撰,因为社会心理学与修辞的历史 勾连并非常规的井然有序。然而,对修辞的信念和态度根据对"人"主体 观念的变化而变化[②]。古希腊修辞研究起源于民主演说,主要基于"可能" 原则,但有别于"真 / 假"。

伊索克拉底曾说过,修辞学是政治学的姊妹,面向政治社会实践。此 观点得到西塞罗、昆体良的继承。因此,修辞活动具有明确的社会属性, 成为公共生活不可或缺的组成部分。面对中世纪基督教经典文本的晦涩, 奥古斯丁将古典修辞学改造成用以解读《圣经》的工具。历史、修辞学、 语法和逻辑并称中世纪人文教育三大基础学科,这便说明了修辞学的重 要性。

---

① Farr R. The social and collective nature of representation [M] //Forgas J, Inner M(Eds.). Recent advances in social psychology: an international perspective. North Holland: Elsevier, 1989: 157–166.

② Richard Y, Becker A, Pike K. Rhetoric: Discovery and change [M]. New York: Harcourt Brace, 1970: 6.

作为一种社会实践，修辞学对人类智力各领域的统领一直持续到 17 世纪，随着理性认知论的兴起和确立，才致使修辞学被视为"推行谬误和欺诈的工具"①。自此，修辞学陷入了 300 年的衰落，成为一门多余和垂死的学科。20 世纪初，西方修辞学方才恢复元气，并在一种新历史观下进行改造后以新面目再现：修辞参与当代知识生活的基础建设，修辞艺术获得现实和审美的双重价值。

修辞学既是一门学科，又是一种使各个学科被概观的视界。作为一种学科，它具有解释的属性并生成知识；作为一种视界，它具有批判和解放的属性并创生观点。社会心理学的修辞历史从发现古典修辞学传统开始，以推动修辞转向为契机，进而推动完成社会心理学的修辞实践。

社会心理学家起初对古典修辞学不屑一顾，认为社会心理学的理智预设是形式逻辑，是基于必然和明确因果关系实现对世界的理性认识；而修辞奉行或然逻辑，与形式逻辑相比显得"低劣"，因此不应当将一种前科学观念塞进一门严肃科学中。但佩雷尔曼认为，无论哲学或者心理学都可以从古代文本中获取丰富的洞见②。之后，哈雷（Harré）建议同行采用修辞研究的思路来研究社会心理学，社会心理学家应该树立"作为修辞学家"的角色和研究意识，因为任何言行都带有说服和表演性质，试图操作他人按其意图言行③。Brewin、Antaki 甚至将自己对于思想的符号性和表达性也

---

① Locke J. A nessay concerning human understanding［M］. Oxford：Oxford University Press，1975：508.

② Perelman C. The new rhetoric and the humanities［M］. London：D，Reidel Publishing Company，1979：1-42.

③ Harré R. Personal being：A theory for individual Psychology［M］. Cambridge：Harvard University Press，1984：59.

贴上"修辞研究"的标签①。人是修辞动物,"放弃修辞,等于放弃人性",做人必须实施修辞②。

若将上述观点视为社会心理学修辞转向的理论宣言,那么20世纪90年代后,社会心理学的修辞研究应当期望通过修辞、论辩、会话等形式实现重构社会心理学的学科规划。尽管如此,修辞学论证不受形式约束、经验强制和表征模塑,而是运用说明论证艺术,以改变或强化在科学交流中具有认识价值的观念。其目的在于揭示科学论证的修辞学特征,为学科语言创造可能空间③。因此,修辞学作为科学交流的工具和消除交流障碍的手段被引入社会心理学,以重新评估社会心理学的原则、角色、修辞学特征,甚至方法论。因为在哲学抽象层面,对世界的认识和对个体存在的体验必然凝聚成话语组织与实践。具体到语用而言,修辞就是组织并调整话语以适应特定语境中的表达要求,或者为造成特定语境的表达效果而组织并调整话语。因此,修辞意味着语言、认知和体验的综合。

二、社会心理学修辞转向的学科逻辑

社会心理学危机话语肇始于"无关紧要的一年":1967年。它关联两个基本事件:一个是北美实验社会心理学的危机,另一个是欧洲社会心理学的理智复兴。前者致使社会心理学背后的实证主义、实验主义和个人主

① Brewin R, Antaki C. An analysis of ordinary explanations in clinical attribution research [J]. Journal of Social & Clinical Psychology, 1987, 5 (1): 79–98.

② Burks M. Rhetoric Philosophy and Literature: An exploration [J]. Journal of Aesthetics & Art Criticism, 1979, 37 (4): 507.

③ 郭贵春, 殷杰. 在"转向"中运动——20世纪科学哲学的演变及其走向 [J]. 哲学动态, 2000, 22 (8): 29–32.

义被揭露[①]，后者复兴了社会心理学的"社会关怀"。社会心理学进入所谓"后实验"时期，将会更加重视对历史和文化的探讨[②]，其中包括我国在内的第三世界国家的学者正在积极探求将社会心理学知识本土化的有效途径。

当前，社会心理学的发展呈现回归社会、学科横向整合以及分析水平纵深发展的趋势，危机话语带来阵痛，也迫使社会心理学界反思实在主义、认知主义和实证主义所统辖的理智传统，从而为多样性的学科视角和研究方法争取到生长空间。社会心理学被倒逼的开放心态已经暴露无遗，呼之欲出的是以哪种方式来拓展学科符号边界。

为具体科学开疆拓土的科学哲学式微，亟待通过诸如文化转向、语言转向和解释转向重焕生气[③]。心理学也随之出现文化转向、语言转向和解释转向的潮流，这是科学哲学自我救赎的选择，也为身处困局的社会心理学突围提供了指引。

"修辞转向"首先属于一种更为宽广的思想运动，对抗着社会心理学秉承的现代主义价值观和美学观。所谓的现实和真理不过是各种主体和权力关系利用修辞做的重新建构，修辞研究首先要摆脱科学哲学中的现代主义和本质主义，这有助于削弱单纯本体论立场的片面决定和独断论[④]。

---

① 周晓虹. 现代社会心理学的危机——实证主义、实验主义和个体主义批判［J］. 社会学研究，1993，7（3）：94-104.

② Kendall G, Michael M. Politicizing the politics of postmodern social psychology［J］. Theory and Psychology, 1997, 7（1）: 7-29.

③ 晏如松. 科学哲学将走向终结吗？［J］. 科学技术与辩证法，2003，20（5）：27-29.

④ Nelson S, Megill A. Rhetoric of inquiry: Projects and prospects［J］. Quarterly Journal of Speech, 1986, 72（1）: 20-37.

其次，"修辞转向"敦促社会心理学重新伸张被压制的"他者"声音，包括女性他者、非主流他者和非西方他者，甚至古代拉比之声也被聆听。这与修辞学传统中"第二自我"长期被理性哲学拒斥有关，修辞转向让"他者"重获新生①。

再次，修辞转向的重要特征之一是重视符号象征的意义。世界图景由象征所建构，象征就是修辞格②。修辞转向将召回被社会心理学冷落的符号互动研究，重启除社会学的社会心理学和心理学的社会心理学之外的第三架马车，即符号互动心理学。

最后，从修辞学向度映射整个学科的特征和意义。例如，对社会心理学学科的修辞分析发现，社会心理学一直甘于依傍类似"处理系统""结构"和"图式"等科学语言，以换取合法身份以及经费政治的豢养③。

包括心理学在内的大部分科学话语并不是公式的、客观的或三段论的，而是策略性、论辩性和修辞性的④。换言之，社会心理学学科一直具备显著的修辞性。

不同于语言转向主要发生在哲学领域，源于形而上的语言转向试图对自身限制做出形而下的现实突破。修辞转向没有形而上的牵制，不用耗费精力去论证某种逻辑体系或者抽象命题，而是专注于解释社会制度如何建

---

① Gaonkar P. Object and method in rhetorical criticism: From Wichelnsto Leff and McGee [J]. Western Journal of Speech Communication，1990，54（3）：290–316.

② Toth L. The normative nature of public affairs: A rhetorical analysis [M]. VS Verlagf ü r Sozialwissenscha–ften，1994：51–68.

③ Billig M. Repopulating the depopulated pages of Social Psychology [J]. Theory & Psychology，1994，4（3）：307–335.

④ 温科学. 二十世纪西方修辞学理论研究 [M]. 北京：中国社会科学出版社，2006：94.

构行动的社会性，包括社会认知、社会现实和权力关系等[①]。

修辞转向指涉的理论渊源呈现出多元性，包括文化符号理论、社会批判理论和社会建构理论。这样，在理论和研究生长上更容易被社会取向的社会心理学理解和接纳。

"修辞转向"还增强了社会心理学的批判意识和效力，而促使修辞转向发生批判效力的关键理论有哈贝马斯的市民社会理论和交往理性理论，伯格和卢克曼的社会建构理论以及福柯等的话语权力理论。一方面批判实验社会心理学背后的实在主义、认知主义和实证主义；另一方面揭露和批判了传统社会心理学背后的意识形态宰制。

总之，心理学乃至所有科学研究，不仅需要事实和逻辑，也需要隐喻和故事，需要修辞艺术[②]。在修辞转向下，社会心理学重新理解人怎么认知世界，又怎么参与社会实践并影响世界，并由此生产出叙述社会心理学、社会语言修辞研究和后现代修辞研究等特异性理论。

三、社会心理学修辞转向的实践逻辑

（一）社会认知的修辞转向与叙述社会心理学

社会认知是对社会刺激的综合加工过程，旨在描述和理解外部世界，是社会动机系统和社会情感系统的运行基础，主要包括社会知觉、归因评价和社会态度。社会认知过程可以通过朴素科学家隐喻、认知吝啬者隐喻

---

① 曲卫国. 人文学科的修辞转向和修辞学的批判性转向［J］. 浙江大学学报（人文社会科学版），2008，22（1）：113-122.

② 辛自强. 心理学的措辞：隐喻和故事的意义［J］. 华东师范大学学报（教育科学版），2005，23（2）：63-69，95.

和动机策略家隐喻来解释，这些过程均涉及信息处理隐喻①。社会认知心理学家探求社会认知的基本单元（范畴化），以接受社会信息，评估各种情境，最终转换为经验意义。该过程遵循逻各斯原则，与修辞相排异。与范畴化的一般处理不同，叙述社会心理学对社会认知的理解颇具独特性，认为语言先于本质，通过语言生产社会认知，进而建构社会现实并完成实践②。

叙述社会心理学付诸实践和功能实现的途径和方法是多元的，批判性叙述分析旨在分析语言、权力和意识形态的关系，揭示语篇如何源于社会结构和权力关系，又如何发生反作用。积极叙述分析则更关注发生团结和助人寻求生存的空间，引导改善社会生活③。多元叙述分析则创新性地将后现代多元价值论与叙述分析相结合，分析约束和引导叙述的对象描述规则、陈述规则、修饰规则和主体构成规则④。对于社会认知理论与研究，修辞转向的目的在于运用语言形成观点或发展世界观。叙述社会心理学要"重做"以往关于社会认知的各项研究。

叙述社会心理学对社会认知的理论预设是非实在、非认知和后结构的。由此，实验社会心理学研究框架下的社会图式、社会态度、归因和类别等概念系统被叙述社会心理学所颠覆和重构。态度、信念、脚本和归因等社会认知概念并非客观实在，而属于日常修辞范畴，目的在于执行修辞功能。例如，以往认为社会态度是独立的个人意见，态度变异可以通过平均化或

---

① Ring K. Experimental social psychology: Some sober questions about frivolous values [J]. Journal of Experimental Social Psychology, 1967, 3（2）: 113-123.

② Potter J. Post cognitive psychology [J]. Theory and Psychology, 2000, 10（1）: 31-37.

③ Martin R. Positive discourse analysis: solidarity and change [J]. The Journal of English Studies, 2006, 3（4）: 31-35.

④ 谢立中. 多元话语分析：社会分析模式的新尝试 [J]. 社会, 2010, 30（2）: 1-19.

限定条件加以控制。叙述社会心理学则将社会态度放在意识形态情境中，考量谈话者通过态度这一谈话主题来达成申明、辩护、解释和防御等社会功能。"矛盾性态度"则是叙述者在不同情境中弹性应对环境所作的修辞润饰①。社会归因不再指向心理事实，而是意在完成责备、设定和推卸等修辞目的②。信念、类别和判断等概念系统被叙述社会心理学视为争辩和论述采取的修辞资源③。叙述资源还包括各种诠释脚本、叙述策略和修辞手法等④。概言之，实验社会心理学若是主导叙述，叙述社会心理学则属于另类叙述。

作为社会心理学的另类叙述，叙述社会心理学必然遭到来自传统社会心理学的质疑。

（1）叙述社会心理学消除表层与深层、真实与非真实以及能指与所指的对立，使得研究过程和结构扁平化。

（2）叙述反身性导致逻辑混乱、指涉不确定和不可证伪。

（3）叙述社会心理学否认一般实在和概念客观性。

（4）社会建构主义否定知识的客观性和普适性，直接导致相对论，势必陷入怀疑主义和虚无主义的泥潭。

面临质疑，叙述社会心理学目前只能做到必然状态的应对，尚不能达

---

① Billig M. Whose terms? Whose ordinariness? Rhetoric and ideology in conversation analysis ［J］. Discourse and Society, 1999, 10（4）: 543-558.

② Edwards D. Discursive psychology ［J］. International Encyclopedia of Language & Social Interaction, 2008, 12（3）: 463-467.

③ Potter J. Discursive social psychology: from attitudes to evaluative practices ［J］. European Review of Social Psychology, 1998, 9（1）: 233-266.

④ Billig M. Social representation, objectification and anchoring: A rhetorical analysis ［J］. Social Behavior, 1988, 3（1）: 1-16.

到自由状态的自在。这种应对可粗略分成温和型和激进型。温和派保留早期实在论部分视角，一边阐明自身立场，一边期望共存共荣。例如，哈雷将修辞叙述看作人们搭建社会和心理现实及其基本结构的途径。而激进派坚守反实在论和反认知论[①]。例如，格根认为描述世界的方式无所谓好坏和对错，一切取决于语境和实践[②]。

（二）社会互动的修辞转向与社会言语修辞

实验社会心理学范畴下，社会互动建立在本体论哲学之上，探究包括人际、群际和跨文化互动的理智规律。然而，社会互动从未与修辞分离，如古典修辞学起源并应用于公共场合中的演讲和辩论。社会互动过程同样也是一个修辞过程[③]。对社会互动的修辞理解并默认修辞话语和语用之间的密切关系，研究指向人的言语活动，探查言语行为如何满足交际需要，如何发挥言语潜能。换言之，为了特定交际目的，修辞通过语言调配使达意传情尽可能适切圆满。该范式初衷是为了探究修辞在交际中的运作方式和效果，然而很快就暴露出不足：首先，所依据的仍旧是亚里士多德修辞论辩体系，不能涵盖海量的修辞现象。其次，忽略了修辞和社会的交互效应，尤其是社会对修辞的建构[④]。

20 世纪 80 年代西方心理学出现"话语转向"，社会互动演进成存在

① Harré R. Personal being: A theory for individual Psychology［M］. Cambridge：Harvard University Press，1984：59.

② Gergen J. The saturated self: dilemmas of identity of contemporary life［M］. New York：Basic books，1991：146–151.

③ 刘焕辉. 修辞与言语交际［J］. 当代修辞学，1986，5（6）：3–6.

④ Burghart R. Readings in rhetorical criticism［M］. Strata Publishing，Inc，2010：49.

于会话中的言语行动 ①。社会互动的内涵深入到修辞研究并外延开来，发展成社会言语修辞研究，用于探讨言语和非言语交际中话语建构和话语理解的效果，考察社会互动和修辞的共变关系。

社会言语修辞研究在真实互动情景中，探讨语言结构及其运用和社会互动的共变关系，这得益于功能语言学、会话分析和语言人类学的语言学传统，尤其受到肯尼斯·伯克的戏剧主义修辞理论的促进。建立在语言戏剧哲学基础上的戏剧主义修辞，认为语言是人赖以生存的基础，语言是价值、社交和修辞的前提。语言就是象征性行动，就是戏剧；哪里有社会行为，哪里就有修辞；哪里有意义，哪里就有劝说 ②。戏剧主义修辞理论还认为，修辞学的主要目的是探索团体中创造凝聚力和寻求思想同一性的方式；通过修辞达到认同，可以弥合裂痕，促进融合 ③。

不同于古典修辞理论探讨社会事务劝说技艺，社会言语修辞将修辞视为以言指事、以言行事和以言成事，修辞就是成功的言语行为；不同于实验心理学将社会交往定义为主客交往，社会言语修辞将社会互动发展成为一门有效使用话语的综合性语用行为，以语用学理论研究社会行为，而语用学的中心问题就是言语行为问题。语言是社会交往的主要载体，修辞为语言插上翅膀。社会交往互动演变为话语和修辞一起重构的社会言语修辞 ④。

---

① 邵迎生. 话语心理学的发生及基本视域［J］. 南京大学学报（哲学人文科学社会科学版），2000，7（5）：109-115.

② O'Keefe J. Burke's dramatism and action theory［J］. Rhetoric Society Quarterly，2016，8（1）：8-15.

③ Brown H. New roles for rhetoric：from academic critique to civic affirmation［J］. Argumentation，1997，11（1）：9-22.

④ 冯志国. 社会修辞学视域下的巴赫金对话理论研究［J］. 上海理工大学学报（社科版），2016，38（4）：344-348.

社会言语修辞进一步将社会互动的场域拓展到公共关系领域，强调修辞行为的公共性和对话性特征。这突破了修辞的个体性，通过话语修辞活动起到参与社会事务、建构社会关系和表达阶层抗争作用，社会互动文本得以重构①。修辞转向和现实重构并产生关联，社会言语修辞就要探讨话语体系中各种力量的平衡关系。因此，社会言语修辞具备批判效力，成为一种价值判断行为，以及一种思想行为②。

Toth、Heath 发表的《公共关系的修辞与批判性方法》③一文中指出，应着力探究公共关系的修辞化，实现修辞者和受众的协同。公共修辞学派率先将古典修辞与公共关系相结合，使修辞的说服属性进化为认同属性。修辞批评还进一步关注公共言说中的共同想象，以想象联系大众，修正和团结整个文化的社会现实④。具体到微观层面，出现了揭示修辞话语以影响心理过程，达到劝说和改变的心理修辞批评。国内学者提出修辞心理学的学科建设设想，探讨了修辞心理学的构建意义、研究对象、研究方法和基本任务⑤。还有研究从修辞技巧、修辞认同和认知修辞分析社会言语修辞效应⑥。

---

① 曲卫国. 人文学科的修辞转向和修辞学的批判性转向［J］. 浙江大学学报（人文社会科学版），2008，22（1）：113-122.

② Hauser A. Introduction：Philosophy and rhetoric-rethinking their intersections［J］. Philosophy & Rhetoric，2017，50（4）：371.

③ Heath R L，Toth E L. Rhetorical and critical approaches to public relations［M］. Routledge，2013.

④ Cutlip M，Emeritus D. Rhetorical and critical approaches to public relations［J］. Public Relations Review，1993，19（1）：97-98.

⑤ 吴礼权. 修辞心理学论略［J］. 复旦学报（社会科学版），1998，34（5）：101-107.

⑥ 林大津，谭学纯. 跨文化言语交际：互动语用修辞观［J］. 语言文字应用，2007，16（4）：136.

（三）社会心理学的后现代转向与后现代修辞学批判

社会心理学危机话语触发的显著后果之一便是后现代社会心理学的发生和发展。以分离、消解和去中心化为特征的后现代思潮冲击了以认识论为核心的现代思维框架，也使社会心理学泛起漪澜。后现代主义对社会心理学可能是一种威胁，也可能是更新观念的契机。心理学虽然置身于后现代思潮中，但诸多原因所限使其反应迟缓①。至于应对之策，Dowd 认为，社会心理学应该着重社会学取向的社会心理学基础，寻求概念多样性和策略多元化以实现后现代性对社会心理学理论和研究的激发价值②。

从 20 世纪科学哲学方法论的演进来看，经验主义侧重符号的形式语境，历史主义强调解释的社会语境，后现代则趋向修辞语境。修辞语境贯通语用分析的情境化、具体化和现实化，在特定的语形背景和社会语境背景下，统合语形分析、语义分析和语用分析，最终结合形式语境、社会语境和修辞学语境加以修辞转向。修辞转向所引致的解释实践重建和修辞学方法为科学哲学的后现代选择提供了一种可能方案③。同理，修辞转向为社会心理学的后现代进路提供了一种有益路径。

后现代主义修辞批判对社会心理学后现代进路的贡献，体现在对社会心理学元理论的革新方面。

（1）反实证的后形式批评。后现代社会心理学的理论和研究无权自

---

① Kvale S. Postmodern psychology：A contradiction in adjecto?［J］. Humanistic Psychologist, 1990, 18（1）：35–54.

② Dowd J. Social psychology in a postmodern age：A discipline without a subject［J］. American Sociologist, 1991, 22（3–4）：188–209.

③ Burks M. Rhetoric Philosophy and Literature：An exploration［J］. Journal of Aesthetics & Art Criticism, 1979, 37（4）：507.

我标榜为真理，只能承认是在修辞活动中不断对话和妥协的结果。叶浩生认为，修辞和叙事是后经验心理学理论的新标准，是修辞和叙事保障了研究效力①。

（2）关注符号互动，突显社会话语多义性。话语通过措辞在社会认知、态度变化和印象形成中起重要作用②。另外，后现代社会的符号生产催生符号修辞学，着意研究符号文化表意的多义性，契合于后现代社会心理学秉持的文化相对论。

（3）揭示修辞话语背后的意识形态，解构、重构权力和修辞文本的关联。修辞的意识形态批判假定存有意识形态附着，并通过修辞话语实现控制③。

例如，Jeffery 揭示，近 10 年来积极心理学研究成果爆发式增长的背后，传递的是个体成功意志和一个国家的安全价值，同时又在有意忽略其他伦理传统和少数阶层的社会抗争④。这一定程度上回应了社会心理学长期被诟病的所谓"失语于社会苦难和不公"。

后现代主义修辞批判还促进了社会心理学若干小理论的构建。例如，尼采关于语言无意识的修辞起源的观点，启发了福科对话语和知识背后权力机制的探讨，也启发了拉康对后现代精神分析学的构建。互文性修辞理

① 叶浩生. 后经验主义时代的理论心理学［J］. 心理学报，2007，39（1）：184–190.

② 薛灿灿，叶浩生. 话语分析与心理学研究的对话探析［J］. 心理学探新，2011，31（4）：303–307.

③ Wanzer A. Delinking rhetoric, or revisiting McGee's fragmentation thesis through decoloniality［J］. Rhetoric & Public Affairs，2012，15（4）：647–657.

④ Jeffery Y. Authorizing happiness: Rhetorical demarcation of science and society in historical narratives of positive psychology［J］. Journal of Theoretical and Philosophical Psychology，2010，30（2）：67–78.

论突破结构主义，将巴赫金的"文本空间"引入弗洛伊德的"无意义空间"，实现意识和无意识对话[①]。修辞哲学和语境论相结合并产生后现代修辞语境论，修辞语境将主体和受众结合在特定修辞框架下，对主体的思想、语言和行为进行历史解释，对不同受众的心理和情感进行分析，把主体和受众关联起来，把知识、情感和历史关联起来[②]。再例如，Rivera、Sarbin 分析大前提"社会心理学是历史过程"和小前提"历史是叙事和修辞"，推论"社会心理学是叙事和修辞"，提出语境论心理学的研究范式[③]。肖特（Shotter）提出修辞—反应的社会心理建构论，探索社会心理的修辞和反应特性[④]。总之，在后现代修辞批判推动下，后现代社会心理学意欲揭示工业社会创造、维护与使用一系列自相矛盾的现实符号结构，发挥社会积极分子的作用以促进社会平等和正义。

四、小结与展望

社会心理学以科学自居，却屡遭质疑；然后，在质疑声中，它又被寄予厚望。修辞转向无疑是其缓解危机的一种有效选择，能够激发丰富的新理论和研究价值。结构性的修辞运动使社会心理学摆脱了"证实"关系域，转而进入"发现"关系域，实现了对表征模型的超越，并寻求非形式逻辑

---

① 朱莉娅·克里斯蒂娃，黄蓓. 互文性理论对结构主义的继承与突破［J］. 当代修辞学，2013，32（5）：1–11.

② 殷杰，刘扬弃. 心理学中的语境论解释探析［J］. 自然辩证法研究，2015，31（8）：14–19.

③ Rivera D, Sarbin R. Believed in imaginings：T–he narrative construction of reality［J］. Psychological Record，1998，188（1）：468–469.

④ Shotter J. Realism and relativism, rules and intentionality, theories and accounts：A response to Morss［J］. New Ideas in Psychology，1986，4（1）：71–84.

的说服与论证。后结构的修辞运动则强调修辞的独立运作性，揭示社会心理学的意识形态结构和功能，产生了与文本明确意义相反的离心力。

新修辞运动主要从哲学层面、语言层面和社会实践层面展开，开启了科学哲学的语境论进路。其中，语言层面属于静态层面，将语言使用和特定语境相联系，在具体语言中考察修辞目的，叙述社会心理学大致属于这一范畴。社会实践层面则以社会交往中的修辞活动为研究对象，关注修辞在社会事务中的效应，社会言语修辞属于这一范畴。后现代修辞则考察修辞在语言、知识和权力建构中的参与，与社会心理学的后现代进路具有家族相似性。据此，借助语言和运用修辞重构现实，"修辞转向"敦促社会心理学重新认识社会与人心，并致力于改造社会与人心，以造福于美好生活的建设。

赫根汉认为，心理学应积极接纳多样性和包容差异性，唯有如此，心理学才能继续成为一门令人激动的学科 ①。社会心理学已意识到这一点，在科学哲学转向的重要驱动下，正尝试进行文化转向、语言转向和后现代转向，使其在研究对象的扩展、研究方法的深入以及研究路径的取舍上取得了显著进展。然而，实验社会心理学至今仍是社会心理学的主导性修辞，并长期得到学科制度的支撑。因此，社会心理学的修辞转向并不会一帆风顺，反而会面临诸多阻碍，需要负重前行。

尽管如此，社会心理学的研究对象终究是社会语境中的人，复杂的研究对象决定了研究视角的复杂性，这注定不允许仅存在唯一权威话语的"独白"，而应让不同声音参与争鸣，形成巴赫金所谓的"杂语"局面。对话不一定走向某种确定结果，但至少会许诺持续的倾听与表达。只要对话得

---

① 赫根汉. 心理学史导论［M］. 郭本禹，译. 上海：华东师范大学出版社，2006：978.

以持续发生，超越的可能性便一直存在①。

"修辞转向"为社会心理学的危机话语提供了一种争鸣，但这种争鸣或许还不够，社会心理学亟待的是一场革命，如阿米斯特德所称的"重建社会心理学"。这是从科学理智而言，关乎应然。而实然的推进还需要学科制度的配合。

修辞转向确实对主流实验社会心理学的传统提出了挑战。当修辞挑战并取代传统真理，翻转二元等级后，能否复归真理？修辞转向为社会心理学进行了"去蔽"，但这是否会导致新的"遮蔽"？尚不得而知。此外，还需警惕"泛修辞观"的倾向，切莫模糊社会心理学和修辞学的界限。修辞转向并非"科学哲学的终结"，亦非护卫社会心理学的"最后武士"。换言之，"修辞转向"是社会心理学摆脱危机话语的一种选择路径，而非依赖路径。或许，更为可行的方案是各种转向和传统社会心理学达成宽容，为对方留出空间，同时划定界限。实验社会心理学可以向修辞转向的社会心理学靠近，借鉴采用语境和修辞的表达形式。修辞转向的社会心理学也可以减少反实在论的主观性和模糊成分，发展出综合二者的准实在论。

无独有偶，科学哲学领域的经验主义和后经验主义亦有相互借鉴与补充的趋势，既保留客观性，也保留人文性，其目的是留住多元、宽容和辩证的完整科学。解除危机话语是社会心理学有效回应时代关切的前提，这也是社会心理学修辞转向的皈依。未来的探索"道阻且长，行则将至"。

---

① Bakhtin M. Speech genres and other late essays ［M］. Austin: University of Texas Press, 1986: 170.

第五章　叙述社会心理学：
社会心理学的另类叙述

　　经 Potter、Wetherall 提出概念[①]，Billig 理论阐述[②]，以及 Edwards、Potter 系统应用[③]，"叙述社会心理学"（Discursive Social Psychology）经过 30 年的发展，大致形成了三种研究取向：一是对日常叙述进行在地性、互动性和序列性分析，此以 Edwards、Potter 为代表；二是批评性叙述心理学，此以 Park 为代表；三是关于话语叙述 / 修辞研究，此以 Billig、Wetherall 为代表。不同于主流社会心理学的实在论和认知主义背景，叙述社会心理学以社会建构论和非认知论为哲学预设，是社会心理学领域的一场革命和自我救赎。

　　社会心理学亟待一场革命由来已久，阿米斯特德称之为"重建社会心

---

　　① Potter J，Wetherell M. Social psychology and discourse［M］//Armistead N（Ed.）. Reconstructing social psychology. Penguin Education，1978：198–212.

　　② Billig M. Arguing and thinking：A rhetorical approach to social psychology（2nd ed.）［M］. Cambridge University Press，1989.

　　③ Edwards D，Potter J. Discursive psychology［M］. London：Sage，1992：2–13.

理学"。①因为 20 世纪以来，社会心理学正历经美国社会心理学的宰制与危机，以及欧洲社会心理学的抗争与乏力②。"脱危"和变革成为社会心理学的关键词③。虽然学界已不再热烈讨论危机问题，但是危机并未解除。相对于实验社会心理学的主导性叙述，叙述社会心理学是一种另类叙述。那么，叙述社会心理学的研究思路有什么不同，又能为社会心理学"脱危"做出什么贡献呢？本章将从叙述社会心理学的理论建构和三个特异性研究来回答这些问题。

一、叙述社会心理学的变革思路

（一）主流社会心理学的危机与"脱危"考量

现代社会心理学的危机大体发端于 20 世纪五六十年代，只不过不同学者对危机有不同的定位。Jones 仅把这场危机视为一朵不祥的浪花，丝毫不影响实验社会心理学的大流④；Taylor 也认为，对于社会心理学主流发展，危机影响甚微，不值一提⑤；Stam、Radtke 和 Lubek 从库恩的科学革命结构理论出发，认为危机标志着社会心理学发展到了一个自我反思的阶

---

① Armistead N. Reconstructing social psychology [M]. Penguin Books，1974.

② 王小章，周晓虹. 面向社会：现代社会心理学的转折——对美国和欧洲的考察 [J]. 杭州大学学报（哲学社会科学版），1994，19（1）：97-103.

③ 郭慧玲. "危机"与"脱危"——西方社会心理学近期发展 [J]. 甘肃社会科学，2015，37（2）：51-54.

④ Jones E. Major developments in five decades of social psychology [M]//Gilbert G，et al.（Eds.）. The Handbook of Social Psychology. Boston：McGraw-Hill，1998：48.

⑤ Taylor E. The social being in social psychology [M]//Gilbert G，et al.（Eds.）. The Hand book of Social Psychology. Boston：McGraw-Hill，1998：72.

段[①]；Faye 则认为，社会心理学遭受到空前的批判和质疑，到了一个不知何去何从的紧要关口[②]。

除了对危机后果的评估不同，学界对这场危机的归因也有差异，这直接影响到危机应对方式的差异。一些学者从方法技术层面做归因，不满于实验方法。例如，Ring 斥责当时的社会心理学浮夸，卖弄聪明的实验设计，而不是认真建立一套有价值的知识[③]。一些学者将其归咎于认识论问题，不满于实证主义。例如，Gergen 认为，实验社会心理学不可能是科学，因为它所处理的主要题材脱离了文化和历史的特殊性[④]。周晓虹认为，危机的根源在于实证主义、实验主义和个人主义的依存关系[⑤]。

（二）叙述社会心理学对危机的理解和"脱危"思路

叙述社会心理学赋予这场危机以至高的严重性和重要性：严重性是指这场危机不是主流社会心理学自身可以解决的[⑥]；重要性是指危机为包括

---

① Stam J, Radtke L, Lubek I. Strains in experimental social psychology: a textual anaylsis of the development of experimentation in social psychology［J］. Journal of the History of the Behavioral Sciences，2000，36（4）：365-382.

② Faye C. American social psychology: Examining the contours of the 1970s crisis［J］. Studies in History& Philosophy of Science Part C: Studies in History & Philosophy of Biological & Biomedical Sciences，2012，43（2）：514.

③ Ring K. Experimental social psychology: Some sober questions about frivolous values［J］. Journal of Experimental Social Psychology，1967，3（2）：113-123.

④ Gergen J. Social Psychology as history［J］. Journal of Personality and Social Psychology，1973，26（2）：309-320.

⑤ 周晓虹. 现代社会心理学的危机——实证主义、实验主义和个体主义批判［J］. 社会学研究，1993，7（3）：94-104.

⑥ Parker I. Group identity and individuality in times of crisis: psychoanalytic reflections on social psychological knowledge［J］. Human Relations，1997，50（2）：183-196.

社会建构主义等后现代研究思路进入社会心理学提供了契机①。危机话语最为引人注目的成果便是后现代社会心理学的诞生，即"危机"为后现代思想的引介和选择性采纳提供了时机②。叙述社会心理学的主要哲学支撑就是社会建构论、非认知论和后现代批判，因此对危机的界定也体现在建构性、批判性和实践性三个方面。

基于对这场危机的理解和归因，叙述社会心理学对"脱危"有着独特的理解。Parker 认为，社会心理学内部权力关系要和社会结构相适应，直到建立以揭示意识形态和政治压制为主旨的解构社会心理学，危机才可能结束③。Kendall 和 Michael 认为，社会心理学已进入后现代或后实验时期，应更加重视对历史和文化的探讨④。Potter 认为，要消解实在论和认识论，注入非实在论和非认知理念⑤，还要通过语言让叙述社会心理学明确地揭露和介入各项重要的社会和政治生活主题⑥⑦。

① Morgan M. Reading the rhetoric of 'crisis' [J]. Theory & Psychology, 1996, 6 (2): 67–286.

② 郭慧玲. "危机"与"脱危"——西方社会心理学近期发展 [J]. 甘肃社会科学, 2015, 37 (2): 51–54.

③ Parker I. Group identity and individuality in times of crisis: psychoanalytic reflections on social psychological knowledge [J]. Human Relations, 1997, 50 (2): 183–196.

④ Kendall G, Michael M. Politicizing the politics of postmodern social psychology [J]. Theory and Psychology, 1997, 7 (1): 7–29.

⑤ Potter J. Discursive psychology: between method and paradigm [J]. Discourse & Society, 2003, 14 (6): 783–794.

⑥ Potter J. Discursive social psychology: from attitudes to evaluative practices [J]. European Review of Social Psychology, 1998, 9 (1): 233–266.

⑦ Billig M. Social representation, objectification and anchoring: A rhetorical analysis [J]. Social Behavior, 1988, 3 (1): 1–16.

二、社会认知的叙述心理学研究

社会认知是社会心理学与认知心理学结合的产物，是社会心理学中一个非常重要且相当活跃的研究领域。社会认知，一般是指人对社会刺激的综合加工过程，是社会动机系统和社会情感系统发生变化的基础，主要包括社会知觉、归因评价和社会态度三个方面[①]。社会认知大致可以通过朴素科学家隐喻、认知吝啬者隐喻和动机策略者隐喻来理解，整个过程均以信息处理为隐喻。个体经由感官接受社会信息，并将其转换为经验意义（包括语言）。换言之，传统社会心理学假定了实在论、认知论和结构主义的哲学预设。

此外，北美关于社会认知的研究主要基于个体主义取向，忽略了社会认知的内容源于真实的社会生活和互动沟通。新兴起的欧洲社会心理学将个体与社会的诠释加以协调和整合，便于对人类经验形成更为完整和互动的理解。例如，社会认同理论认为，团体比个体更具有讨论价值；社会表征理论则更注重个体与团体如何使用社会表征来理解和建构一些常识和共享事实。尽管如此，这些理论和研究的实在论、认知主义和结构主义社会预设并未改变[②]。

关于社会认知理论与研究的基本哲学假设认为，人类的理解和经验为内在心理认知所驱动，研究任务在于揭示潜在的认知结构。然而，叙述社会心理学的预设却是非实在论、非认知论和后结构主义。先有语言，通过

---

① 王沛，林崇德. 社会认知研究的基本趋向［J］. 心理科学，2003，26（3）：536–537.

② Edwards D, Potter J. Discursive psychology［M］. London：Sage, 1992：7–8.

语言生产社会认知，进而建构社会现实，最终完成实践①。传统的社会图式、社会态度、归因、意见和类别等概念系统，被叙述社会心理学的叙事系统所颠覆和重构。态度、脚本、信念和归因等社会认知概念并非客观实在，只是日常谈话的主题，目的在于执行社会互动的功能。

如此一来，传统社会认知的相关研究就需要被"重做"。例如，一般认为社会态度是独立的个人意见，但叙述社会心理学将其放在意识形态情境中，考量谈话者通过态度这一主题来达到申明、辩护、解释和防御等社会功能，而矛盾性态度则是叙述者在不同情境中弹性应对环境所做的修辞②。以往认为社会归因是知觉信息推论的认知过程，叙述社会心理学则认为归因不是朝向心理事实，而是朝向行为目的，如责备、推卸和设定③。此外，态度、信念和类别等概念系统也被叙述社会心理学视为表达意见、争辩和论证所使用的叙述资源④。

三、自我和认同的叙述心理学研究

实验社会心理学将自我和认同视为关于我的知识、情感和关系的实体，具有相对的跨时空稳定性。语言特征上，将自我和认同描述为"主我/宾我/你"的语言分化过程⑤。叙述社会心理学则否定自我和认同的跨时空

①　Potter J. Post cognitive psychology［J］. Theory and Psychology, 2000, 10（1）: 31–37.

②　Billig M. Whose terms? Whose ordinariness? Rhetoric and ideology in conversation analysis ［J］. Discourse and Society, 1999, 10（4）: 543–558.

③　Edwards D. Discursive psychology［M］. London: Sage, 1992: 103.

④　Potter J. Discursive social psychology: from attitudes to evaluative practices［J］. European Review of Social Psychology, 1998, 9（1）: 233–266.

⑤　安东尼·吉登斯. 现代与自我认同［M］. 赵旭东, 方文, 译. 上海: 三联书店, 1998: 58.

稳定性，强调情境性和偶然性。自我在不同的情境中以不同方式来呈现，这与符号互动理论有联系又不完全相同。Gergen 认为，现代社会频繁性互动导致自我呈现的复杂性，因此自我难以保持真实性和一致性。跨时空稳定性被语言游戏取代，目的是服务于社会建构①，这就突破了符号互动的论域界限。

在强调自我和认同的情境性和偶然性后，叙述社会心理学进一步否定自我和认同的实在性。"我"并非和某个实体相对应，并非反映稳定的内部状态，而是有特定的互动目标，在被说的特殊语境中执行功能。例如，"我是一个高尚的人"的叙述，不是在阐述自我特质、价值或者信念，可能是用来引起尊敬、解释行为或者推卸责任，有关自我和认同的叙述演变成社会行动，具备了实践意义②。换言之，不是自我和认同决定叙述，而是叙述生产和形塑出自我和认同。

在叙述社会心理学视域中，自我和认同还提供了反思的可能。既然自我和认同并不代表"心理空间的实体"，自我和选择、决定、意图就绑定在一起，那么"我"就变成了"我的行动"。"我的行动"反复使用人称代词，"我"就提供了反身可能性。Lewis 将其概括为"没有假定选择的存在，自我和认同的互动性则衍生出多重意义，对人称代词的选择和使用需要能够反身觉察"③。关于自我认同的语言使得叙述、自我和他人的修辞出现

---

① Gergen J. The saturated self：dilemmas of identity of contemporary life［M］. New York：Basic books，1991：146–151.

② Antaki C，Condor S，Levine M. Social identities in talk：Speakers'own orientations［J］. British Journal of Social Psychology，1996，35（4）：473–492.

③ Lewis Y. The self as amoral concept［J］. British Journal of Social Psychology，2003，42（2）：232.

在同一语境中，反身觉察就使得人们被认为对行为负责 ①。

叙述社会心理学关于自我和认同的叙述提供了反身觉察性，叙述参与者被认为对行为负责，这进一步涉及自我的道德规范和社会责任问题。若跨时空稳定性和实在性都不存在，自我和认同—社会问题，叙述社会心理学则将其视为语言叙述岂不被置于"什么都可以"的道德混沌世界？这种质疑被 Park 称为"实在论批评"，即"真实""正确"和"错误"存在并要规范社会行为和主体性。Edwards、Ashmore 和 Potter 认为，道德规范和社会责任也是社会实践生产和协商后的产物，而非客观、永恒的社会规范和模式 ②。

四、心理健康的叙述心理学研究

心理健康的标准、前因后效和引导教育等问题是应用社会心理学研究的重要主题之一。对此，叙述社会心理学有着截然不同的理解，它主要采用批评性叙述心理学和对健康话语的叙述／修辞研究视角。批评性叙述心理学视角着重针对心理健康话语背后的意识形态宰制和权力游戏；对健康话语的叙述／修辞研究则关注健康话语叙述主题的选择及其描述规则、陈述规则、修饰规则和主体构成规则 ③ 等新视角，并重新审视心理健康问题的判断、解释、干预和转归。

---

① Toth L. The normative nature of public affairs：A rhetorical analysis［M］. VS Verlagfür Sozialwissenscha-ften，1994：51-68.

② Edwards D，Ashmore M，Potter J. Death and furniture：The rhetoric，politics and theology of bottom line arguments against relativism［J］. History of the Human Sciences，1995，8（2）：25-49.

③ 谢立中. 多元话语分析：社会分析模式的新尝试［J］. 社会，2010，30（2）：1-19.

批评性叙述心理学着力发掘"心理疾病"和"心理健康"背后的意识形态宰制性。近代资本主义制度按照自己的秩序标准划分健康与病态、正常与不正常以及合理与不合理。心理障碍或者疾病成为社会危险的语言，被赋予了一个病理的身份。因此，心理疾病和健康的概念系统成为控制不正常行为和秩序的知识体系。

叙述/修辞研究预设所谓的"客观"只是社会建构的产物。从叙述/修辞视角研究心理健康问题，尤其关注心理健康相关问题的叙述/修辞的建构过程。例如，谢立中认为自杀率的差异更多体现为"话语之争"，而非"事实之争"，并采用多元话语分析建构自杀现象的话语策略和背后的话语系统①。可资采用的叙述/修辞分析理论和方法还有 Fairclough 的社会文化分析法、VanDilk 的话语认知分析法和 Wodak 的语篇—历史法，以及其共同的基础 Halliday 的系统功能语法②。

既定心理健康具有重要的社会功能，叙述社会心理学对心理健康促进也有着独特的理解。传统社会心理学把心理问题归咎并表现于生物—心理—社会问题，叙述社会心理学则将其视为语言叙述差异。由于心理问题源自主流叙述的压制，因此心理健康促进应当重构和替代相应的叙述系统。在此原理之上，叙事治疗不是探究当事人的问题并提供建议，而是要关注当事人怎样使用叙述来解释经验和做出反应③。通过凸显叙述者的支配性叙述，激发边缘叙述改变力量，进而使碎片化叙述更加流畅，达到建构意

① 谢立中. 实证、诠释与话语：社会分析模式比较——以自杀现象为例［J］. 江苏行政学院学报，2007，7（3）：65–73.

② 纪卫宁. 话语分析——批判学派的多维视角评析［J］. 外语学刊，2008，31（6）：76–79.

③ Mair M. Psychology as story telling［J］. International Journal of Personal Construct Psychology，1988，1（2）：125–137.

义和改变人格的效果。

五、叙述社会心理学的贡献与局限

（一）贡献

心理学理论和研究的评价标准，经历了一个从逻辑理性标准到社会文化标准的转变和共存过程。显然，对叙述社会心理学的评价不能以逻辑理性为标准，而要以社会文化为标准。另外，随着社会心理学的进一步发展，需要加以哲学转向和研究转向，叙述社会心理学正是语言转向的产物之一，应该给予足够的时间和空间去完成有关叙述维度的研究。建议充分引入科学哲学的划界、发现和发展维度予以评价。最后，对叙述社会心理学下结论还为时尚早，应持发展的眼光看待当前问题。

尽管如此，叙述社会心理学是在实验社会心理学的危机话语中发生和发展出的一种另类叙述，对该危机的确做出了一定程度的回应和缓解。

（1）批判了实验社会心理学的流弊，解构了社会心理的本质论和知识论，着重引入了非知识论。

（2）强化了社会心理学研究中的社会文化历史品位。

（3）批判叙述社会心理学取向揭露了传统社会心理学背后的意识形态宰制，具有革命意义。

（4）促使社会心理学回归语言，对社会心理学走近非中心、走近本土化和走近生活做了非常有益的探索。

（二）局限

叙述社会心理学尚不可能成为社会心理学的主流，其主要原因是实验社会心理学一直得到学科制度的支撑①，不过，叙述社会心理学也暴露出一些问题。

（1）平面化。叙述社会心理学消除现象与本质、真实与非真实以及能指与所指之间的对立，使得研究过程和结构扁平化、肤浅化。

（2）反身性。在叙述分析中，反身性具体指自我指涉的反身性，这一定程度导致逻辑混乱、指涉不确定和不可证伪②。

（3）相对主义。社会建构主义否定知识的客观性和普适性，直接导致相对论，甚至陷入怀疑主义和虚无主义③。

另外，叙述社会心理学的语言学转向隐喻也有被化约还原之嫌，这不仅和实验社会心理学的自然主义还原类似，而且可能陷入用语言来解释语言的循环论。无论是学术还是生活，人类需要制度化以抵制周遭的不确定性，后现代社会心理学理论却在制造不确定性和模糊性④。最后，叙述社会心理学还会因为非实在论和非认知论而与现实渐行渐远。社会心理学对现实的回馈越少，在公共领域的声音也就越弱⑤。如此一来，叙述社会心理学也会遭遇现实性危机和社会不满。

---

① 方文. 学科制度精英、符号霸权和社会遗忘——社会心理学主流历史话语的建构和再生产［J］. 社会学研究，2002，17（5）：62-70.

② 肖瑛. "反身性"研究的若干问题辨析［J］. 国外社会科学，2005，28（2）：10-17.

③ 姚满团，霍涌泉. 社会建构主义能否为意识心理学提供新的精神资源［J］. 医学与哲学，2011，32（8）：25-26.

④ 郭慧玲. "危机"与"脱危"——西方社会心理学近期发展［J］. 甘肃社会科学，2015，37（2）：51-54.

⑤ 周宁，刘将. 论心理学的语言学转向［J］. 西北师范大学学报（社会科学版），2007，44（6）：71-75.

六、小结与展望

社会心理学像一个正在发育的青少年，受困于早期未解决的复杂情结中，在一连串困惑中挣扎。各种理论、取向和方法持续较量，竞相争夺学术空间和话语权。实验社会心理学作为主导性叙述可视作现代性叙述。作为一种另类叙述，叙述社会心理学则批判和颠覆了现代性的叙述。如果用叙述性话语来表述，则是实验社会心理学早期的霸主地位是因为实验、统计和测量等修辞和叙述手段确保了合理性和可信性[①]，如今，叙述和修辞本身成为研究对象，要揭示其谁在叙述、为谁叙述以及如何叙述。

通过分析叙述社会心理学的贡献和局限，叙述社会心理学既可以作为实验社会心理学的"挑战者"出现，也可以作为"合作者"出现。实验社会心理学可以向叙事社会心理学靠近，借鉴采用历史的和语义的表达形式，对逻辑理性形式进行改进；叙述社会心理学也可以减少反实在论的主观性和模糊成分，发展出综合二者的准实在论。无独有偶，科学哲学领域的经验主义和后经验主义亦有相互借鉴和相互补充的趋势，既保留客观性，也保留人文性，其目的是留住多元、宽容和辩证的完整科学[②]。

---

① 叶浩生. 后经验主义时代的理论心理学［J］. 心理学报，2007，39（1）：184-190.

② 郑祥，福洪伟. 走向衰落的"后经验主义"［J］. 自然辩证法研究，2000，16（11）：13-17.

第六章 边缘心理学：心理学共同体不可忽略的边缘

"边缘"概念自 Park 于 1928 年提出后，便被用于概括移民群体的"边缘"处境[①]，后经 Stonequist 发展并抽取出"边缘情境"和"边缘人格"的概念[②]。随后，Goldberg 突破性地提炼出"边缘文化"[③]，极大地扩展了边缘性理论的适用性。由此，边缘性理论逐渐延伸至政治学、经济学、社会学和心理学等诸多领域。尽管这一概念的提出已近一个世纪，但其解释力依旧强劲。究其原因，在于各领域发展不平等导致"中心"和"边缘"的显著分化，边缘性问题因此备受关注。从世界体系来看，全球同样由"中心"和"边缘"两极构成，形成了一个具有排斥性的体系：一方面，国家间存

---

① Park E. Human migration and the marginal man [J]. American Journal of Sociology, 1928, 33（6）: 881–893.

② Stonequist V. The problem of the marginal man [J]. American Journal of Sociology, 1935, 41（1）: 1–12.

③ Goldberg M. A qualification of the marginal man theory [J]. American Sociological Review, 1941, 6（1）: 52–58.

在结构性的"中心"与"边缘"不平等。先进的中心国家拥有强大的政治、经济和文化实力；不发达的边缘国家则处于被支配地位，主要生产边缘产品。另一方面，国家内部也存在"中心"与"边缘"的矛盾，处于中心的精英生活优于处于边缘的大众[①]。就文化而言，边缘文化引发参与缺位、心理弱势和依附属性，进一步加剧了发展的不平等。

科学心理学的发展同样可以借鉴"中心—边缘"结构模式进行审视，因为心理学发展的不平等也导致了心理学表现为"中心"和"边缘"的状况。例如，社区心理学长期处于社会心理学的边缘[②]，同时西方马克思主义心理学、女性主义心理学和后殖民主义心理学也处于心理学的边缘[③]。然而，边缘心理学并非一个专有概念，也没有统一的流派。尽管如此，我们可以尝试从研究对象和研究取向的角度对此进行探究，分析心理学边缘的"他者"和"另类"取向。

追求同一性是传统形而上学的最大特征，表现为谋求一种整饬的统合性[④]。主流心理学一直有一个夙愿，即期待用一种语言统一心理学，并由此经历了"物理学钦羡"、生物还原、行为主义到认知革命的演变。"同一性"夙愿为心理学学科的前进指明了方向，仿佛美好的未来"就在下一个拐角等着，或者在紧挨着下一个拐角的拐角处"。然而，研究对象的"他者"和"另类"的研究取向是否妨碍这一美好未来的实现，还是实有价值却背

---

① Cullen T, Pretes M. The meaning of marginality: interpretations and perceptions in social science [J]. Social Science Journal, 2000, 37（2）: 215-229.

② Jones P. The 1996 Glasgow Community Psychology Conference'Community Psychology for a Change: Moving from Marginal Practice to Mainstream Effectiveness'[J]. Journal of Community & Applied Social Psychology, 1998, 8（1）: 67-68.

③ 麻彦坤. 边缘心理学对主流心理学的批评 [J]. 国外社会科学, 2008, 31（5）: 15-18.

④ 哈贝马斯. 后形而上学思想 [M]. 曹卫东, 付德根, 译. 南京: 译林出版社, 2001: 29.

负污名？本章尝试对此进行探讨，权当构建和完善学科共同体的引玉之砖。

一、研究对象的"他者"

（一）本土心理学

直到 20 世纪 70 年代，依据学科知识生产、创新和社会影响的差异，心理学的世界图景形成了中心、次中心和边陲的权力划分。在不平等的权力等级结构中，美国显然独霸了第一梯队，向外输出理论、技术以及意识形态；欧洲心理学（包括苏联心理学）处于次中心，向局部辐射影响。第三世界国家则集体失语[①]。对于第三世界国家而言，解构既定格局的霸权，建构自身学科尊严和荣誉的首选策略是本土化。从 20 世纪 80 年代初开始，我国本土心理学以关注人与社会的内在关联为基本诉求，高举反抗西方主流心理学话语霸权的鲜明旗帜，尝试让本土学者担当主力，以本土方法研究本土问题，为本土服务。在经历了质疑、反思到求索的艰辛后，形成了三种声音。

（1）主张稳妥和渐进地建成"纯学术"的不涉意识形态的本土心理学。

（2）仍沿用西方心理学的传统，试图在本土环境中验证或修正西方相关理论和研究。

（3）挖掘中国传统文化资源，梳理关于本土民众生活的知识资源。

仔细考量发现，第一种声音秉持文化抽象性，最终失去了"本土"意蕴；第二种声音助推了文化殖民倾向，并未走出西方附庸角色之困；第三种声

---

① Moghaddam M. Psychology in the three worlds: As reflected by the crisis in social psychology and the move toward indigenous third-world psychology ［J］. American Psychologist, 1987, 42 （10）: 912-920.

音信誓旦旦，但尚未破解文化特殊主义的诘难①。

相比西方科学心理学的学术优势和支配地位，本土心理学以其"后来"的从属性，忝列边缘心理学，表现为：①长期学习西方科学心理学，熟悉其研究范式和操作程序，认同其秉持的价值立场和研究理念，容易减弱本土化的反省意愿和批判能力；②受工具理性和实用主义影响，西方心理学被视为发现问题和解决问题的"利器"，使本土心理学接受和内化为"用"，忽略了"体"及"本"的一些实际情况；③本土研究者疲于追赶西方心理学新进展，破坏了自发和自觉批判的研究生态；④急于求成的学术评判体制，阻滞了本土心理学的学术再生产。本土心理学研究虽然具有民族情怀，但囿于模仿和移植惯性难以根除，文化冲突使得本土化研究者形成一种边际人格，即长期受两种文化牵制而深陷两难境地②。本土心理学客观上的边陲境地，强化了研究者在不自觉中形成边陲思维甚至"自卑"心态。

不容置疑，西方科学心理学牢固掌控着学术优势，不断再生产其合法性并将其制度化。与此同时，现代化进程中的本土心理学始终面临来自全球化潮流和趋同化社会的困扰，导致不少学者质疑本土心理学的必要性。破除疑虑，需要摆脱"外衍性本土化"的思维，走向契合传统—历史—宗教—文化的"内发性本土化"，因此建议从以下四个角度进行研究。

（1）结合中国传统文化背景等，考虑心理学社会属性的整体性和关系生成性。

（2）关注时代转型对群体和个体心理的影响。

---

① Moghaddam M. Modulative and generative orientations in psychology: Implications for psychology in the three worlds [J]. Journal of Social Issues, 1990, 46（3）: 21–41.

② 翟贤亮，葛鲁嘉. 心理学本土化研究中的边际品性及其超越 [J]. 华中师范大学学报（人文社科版），2017，56（3）: 170–176.

（3）本土化定位应首先考虑为现实生活提供帮助[①]，充分利用叙事、建构、解构等多种研究思路，以研究问题为出发点，为解决现实生活提供方案。

（4）处理好心理学本土化与心理学全球化、心理学传统化的关系，避免心理学非学科化，使中国心理学成为世界心理学知识体系的一部分。

如此，本土心理学将有助于寻回在西方现代心理学中迷失已久的"现实鲜活的人""文化觉醒的人"，以及"有世界情怀的人"。

（二）女性心理学

西方心理学的历史总体上是一部男性的心理学史。由此，Weisstein 曾炮轰心理学："心理学对女人究竟意味着什么？女人需要什么？心理学对此一无所知"[②]。Schiebinger 也曾指出，我们还没有关于中国古典科学的社会性别研究，也没有印度次大陆的妇女研究，以及关于非洲或者南美洲科学中的妇女研究[③]。作为最古老的差异事实之一，所形成的经验差异（生物本质主义）被低估，沦为父权逻辑的口实。随着女性意识的觉醒，试图通过不懈抗争书写女性历史，作为女性文化虽然在场但仍囿于边缘。以性别差异心理为研究主旨的女性心理学有着长期的发展过程，而女性主义心理学仅有短暂的历史。女性主义心理学独立的标志性事件是 1969 年美国女性心理学联合会成立和 1973 年 APA 下辖的女性心理学分会成立，女性被西方心理学专门系统化对待的历史不足 50 年，反思、批判和改造西方

① 汪新建，张曜. 中国本土心理学及其特征 [J]. 社会科学文摘，2017（1）：68-70.

② Weisstein N. Psychology constructs the female; or the fantasy life of the male psychologist [J]. Feminism & Psychology，1971，3（2）：195-210.

③ Schiebinger L. The history and Philosophy of women in science: a review essay [J]. Signs Journal of Women in Culture & Society，1987，12（2）：305-332.

心理学中的男权知识结构和知识生产机制也才刚刚起步。

边缘的女性主义心理学研究历经了三个阶段。

（1）对主流心理学的批判阶段。从心理学发展史角度揭露和批判主流心理学中的男性中心偏见。

（2）以性别差异范畴重新诠释既定知识框架和社会现实。

（3）重建心理学认识论和方法论阶段。

女性主义心理学一开始就带有以性别冲突为核心的抗争色彩，表现出强烈的价值取向。女性主义心理学研究涉及的主题有性侵犯、性虐待、性骚扰、女性职业心理发展、女性择偶和女同性恋问题等，这些选题有边缘化之嫌，即使在女性群体内部，也往往基于白人中产阶级女性和女大学生群体，研究对象较少涉及其他种族和社会阶层。科学心理学自独立之初，重心倒向理性主义，而男权和实证主义、科学主义和还原主义具有本质同源性。为了女性利益，更是为了人类文明，心理学要在女性主义哲学下进行一场革命，这是一项担负深远责任和价值取向鲜明的事业。

20世纪80年代，我国学界开始接触西方女性主义，并与"他者/自身""发达国家/第三世界""文化霸权/民族自尊"等范畴交织一起进行研究，构成女性主义心理学本土化的奇观。女性主义本土化既意味着对本土女性生存经验特殊性的挖掘，也意味着对女性本土言说方式的寻求；既要对抗男性中心主义，又要摆脱西方女性主义的束缚。中国女性主义离不开西方女性主义这一参照系，然而，西方女性主义植根于"欧洲中心"，立足于两性二元格局，以此观照中国妇女的生存状态，暴露出"成熟女性"对"未启蒙妇女"以及"自由女性"对"受难女性"的睥睨①，而对西方

---

① 张宏. 近年来美国的中国妇女史研究范式的嬗变［J］. 世界历史，2012，35（6）：116–124，161.

女性主义的学术和实践成绩表露出的向往和憧憬使中国女性主义学界自然而然地形成一种弱势状态，使得中国女性主义心理学发展面临着来自男权中心和欧洲中心的双重排斥。女性主义心理学及其本土化都属于"正在形成和进行中的理论和实践"，应当说"依然还在路上"。

（三）少数种族／民族心理学

在西方，种族问题和种族主义传统先在欧洲生根，再传到北美殖民地。西方民族心理学的发展具有种族心理学的特征，始终裹挟着心理学与"科学种族主义"关系的复杂纠葛。在心理科学创设之初，少数民族心理研究主要通过少数民族社会发展水平推论少数民族心理发展，以思辨来探究其心理和感知特征差异。20世纪初，随着实验心理学和心理测量的迅速发展，心理学成为"科学种族主义"的理论支撑之一，所谓"证据"和思维余孽残存至今[①]。随着民主化浪潮和平权运动兴起，"科学种族主义"主要原则遭遇挑战，民族心理学既往研究也随之被质疑，主要包括三点：①心理特征方面的种族差异来自环境，而非人种；②现有的方法论尚不能认识和控制种族先天差异；③种族或族群是一个社会范畴，而非科学概念[②]。

平权派学者认为，种族心理学一直在寻求解释和证明"科学种族主义"假设的合理性，试图用科学的方法证明不同种族在智力、人格乃至进化水平上存在着差异。换言之，少数种族心理学作为研究对象的"他者"，不仅身处边缘，还在制造边缘。尽管如此，欧美的少数种族／民族心理学研究，在经历了从盎格鲁—撒克逊和欧洲文化中心的心理学向多元文化视野的艰

---

① Richards G. Rac, Racism, and Psychology: Towards a reflexive history [M]. London and New York: Routledge, 1997: 68-83.

② Winston S. Defining difference: Race and racism in the history of psychology [J]. Journal of the History of the Behavioral Sciences, 2005, 41（1）: 63-65.

难转变后，面临着诸多任务和难题，而面对这些问题，虽从以下三个方面进行突破，但仍没有取得较大进展。

（1）应发展出一套新概念、方法和理论，适切于描述和理解少数民族社区和人口的心理和行为。

（2）1963年，虽然APA成立了"心理学机会平等特别委员会"，制订了"少数民族研究员计划"，试图建立一个不分肤色的心理学大家庭，但受历史和现实等多方面因素制约，这方面的努力进展缓慢。

（3）学界试图以平权意识的心理学研究和实践参与解决国际社会有关种族、宗教和文化冲突问题。

中国是一个统一的多民族国家，民族心理学研究有着深刻的理论和现实意义。与国内蓬勃发展的个体心理学相比，民族心理学发展较为薄弱，研究规模较小，其成果在学界特别是主流学术刊物上集中反映较少[1]，虽然近年来有所改观，但仍显不足，究其原因，无外乎以下三点。

（1）传统科学心理学长期缺乏文化品位，而民族心理学与文化天然不可分割，科学和文化难以合流。

（2）宏观民族学视野和微观个体心理学视野，撕扯民族心理学的研究内容，宏观和微观难以统合。

（3）部分学者将西方心理学理论套用到我国民族心理学研究中，以实验和测量取代田野考察，以逻辑精致遮蔽历史现场，研究和现实难以契合。

概言之，虽然民族心理学对于完善心理学体系具有重要意义，但较弱的民族心理学发展现状意味着心理学体系是缺角的。民族心理学负载着理

---

① 万明钢，赵国军，杨俊龙. 我国少数民族心理研究的文献计量分析2000—2005［J］. 心理科学进展，2007，25（1）：185-191.

解和解决民族多元化负面属性的历史使命，因此本土民族心理学还须不断发展以堪大用。

二、研究取向的"另类"

（一）叙述取向

研究取向是研究过程中所持的基本信念、视角和范式的综合。当前，西方心理学的主导性研究取向是行为学取向和脑科学取向。相对于主导性取向，叙述取向、修辞取向和后现代取向属于研究取向的"另类"。1978年，"叙述心理学"由 Potter 和 Wetherall 在其《叙述与社会心理学》一书中作为一种新方法被提出。1989年，Billig 首次明确使用叙述心理学概念，之后，Edwards 和 Potter 于 1992 年开始系统运用该取向。不同于主流心理学的实在论和认知主义，叙述取向属于社会建构论和非认知主义范畴[①]。经过 30 多年的发展，叙述心理学的研究大致形成三个路径：以 Potter 和 Edwards 为代表的，对日常叙述作在地性、互动性和序列性分析；以 LanPark 为代表的批评性叙述心理学，揭示叙述背后的社会结构和意识形态；以 Billig 和 Wetherall 为代表，探究叙述/修辞的形塑过程。

作为主导性叙述，实验心理学是为现代性代言的叙述。作为一种另类叙述，叙述心理学则是批判和颠覆现代性的叙述，其兴起与发展的背景如下。

（1）语言学转向、社会建构主义变革和后现代转向为叙述心理学的发展清扫了道路。

（2）实证主义、实验主义、个人主义和现代心理学危机存在依存关

---

① Edwards D，Potter J．Discursive psychology［M］．London：Sage，1992：2-13.

系^①。经由反思实在主义、认知主义和实证主义所统辖的理智传统，多样化的学科视角和研究方法获得了生长空间。

（3）心理学已进入"后现代"或"后实验"时期，西方心理学更为重视历史和文化的探讨^②。

欧洲心理学界试图通过对美国心理学的批判，建立心理学的第二个知识中心。叙述心理学的特异性哲学预设和重做传统研究主题获得的特异性知识，修正了现代心理学的不足，促使心理学回归语言，对心理学走近非中心、走近本土化和走近生活进行了有益探索。

叙述取向的心理学研究处于起步阶段，重点要反思一元和多元问题：心理学的本质、研究对象和范式是一元还是多元？多实在论和多范式聚焦是否具有一元论无可替代的优越性，抑或反之？同时，传统实验心理学亦提出诘难，主要包括以下三个问题。

（1）平面化问题。消除现象与本质、表层与深层、真实与非真实以及能指与所指之间的对立，使得研究过程和结构扁平化和肤浅化。

（2）反身性问题。自我指涉的反身性导致逻辑混乱、指涉物不确定和不可证伪^③。

（3）唯名论问题。否认一般实在，否认概念的客观性，除了语言，其他只是单纯的名称。

面临质疑，叙述取向目前只能做到必然状态的应对，尚不能达到自

---

① 周晓虹. 现代社会心理学的危机——实证主义、实验主义和个体主义批判［J］. 社会学研究，1993，7（3）：94-104.

② Kendall G，Michael M. Politicizing the politics of postmodern social psychology［J］. Theory and Psychology，1997，7（1）：7-29.

③ 肖瑛. "反身性"研究的若干问题辨析［J］. 国外社会科学，2005，28（2）：10-17.

由状态的自在。然而，断然不能用既往的理念和标准来评判叙述取向的心理学。一旦从语言的角度看问题，那么整个思维观念都会发生永久性改变①。

（二）修辞取向

修辞作为一种哲学思想有着悠久的历史，对人类智力各领域的统领持续到 17 世纪。自理性认知论兴起和确立，修辞学便被视为"推行谬误和欺诈的工具"②。20 世纪初，在一种新历史观改造下，修辞学参与当代知识生活的基础建设，修辞艺术获得现实和审美的双重价值。心理学的修辞历史重新发现古典修辞学传统，以修辞转向为契机，试图完成心理学的修辞实践。心理学家起初对古典修辞学不屑一顾，因为心理学理智预设是基于必然和因果关系的形式逻辑；而修辞奉行相比显得低劣的或然逻辑，不应当将一种前科学观念塞进一门严肃科学中。然而，Perelman 于 1979 年在《新修辞学与人文科学》中指出，无论哲学或者心理学都能从古代文本中获取丰富的洞见③。Harré 建议同行采用修辞研究的思路来研究社会心理学，并树立"作为修辞学家"的角色意识，任何言行都带有说服和表演性质，以试图操作他人按其意图言行④。

修辞学既是一门学科，又是一种使各个学科被概观的视界。作为一种

① Mccarthy M, Carter R. Spoken grammar: What is it and how can we teach it? [J]. Elt Journal, 1995, 49（3）: 207–218.

② Locke J. A nessay concerning human understanding [M]. Oxford: Oxford University Press, 1975: 508.

③ Perelman C. The new rhetoric and the humanities: essay on rhetoric and its application [J]. Philosophy and Rhetoric, 1982, 15（1）: 76–77.

④ Harré R. Personal being: A theory for individual Psychology [M]. Cambridge: Harvard University Press, 1984: 59.

学科，具有解释属性并生成知识；作为一种视界，具有批判和解放任务并创生观点。"修辞转向"对抗着现代心理学秉承的理性主义价值观和美学观；敦促社会心理学重新伸张被压制的"他者"声音；召回被社会心理学冷落的符号互动研究；增强心理学的批判意识和效力。20世纪90年代后，科学心理学的修辞取向研究期望通过修辞、论辩、会话等形式实现重构心理学的学科规划。人是修辞动物，"放弃修辞，等于放弃人性"，做人必须实施修辞[①]。从修辞学向度映射整个学科的特征和意义，重新理解人怎么认知世界，又怎么参与社会实践并影响世界，由此促使社会交往互动演变为话语和修辞一起重构的社会言语修辞，所引致的解释实践重建和修辞学方法为科学哲学的后现代选择提供了一种可能方案。

哲学、语言和社会实践等层面的修辞研究必将激发心理学更多的特异性研究，促使现代心理学产生更多新理论和新价值。然而，实验心理学至今仍是心理学的主导性修辞，得到学科制度的长期支撑，修辞转向的研究和传播并不会一帆风顺，反而会路阻且长，要负重前行。不过，研究对象终归是社会语境中的人，复杂的研究对象决定研究视角的复杂性，注定不允许仅存在唯一权威话语的"独白"，而应让不同声音参与争鸣，形成巴赫金所谓的"杂语"局面。对话得以持续发生，超越的可能便一直存在[②]。"修辞转向"为心理学危机话语提供了一种争鸣，实然的推进还需要学科制度的配合。同时，须警惕"泛修辞"倾向，切莫模糊心理学和修辞学的界限。折中方案是各种转向和传统心理学取向达成宽容，为对方留出空间，划定

---

① Burks M. Rhetoric Philosophy and Literature: An exploration [J]. Journal of Aesthetics & Art Criticism, 1979, 37 (4): 507.

② Melaver M, Bakhtin M, Mcgee W, et al. Speech genres and other late essays [J]. Poetics Today, 1987, 8 (3/4): 745.

界限。

（三）后现代取向

1988 年，Gergen 在国际心理学大会上所作的《走向后现代的心理学》专题报告标志着后现代心理学的兴起。后现代心理学家分析了现代心理学的范式危机、政治危机和概念危机，指出重建心理学的原则包括不预设基础性、不追求普适性以及研究方法去神圣性[①]。后现代思潮将"消解"主体性和理性作为最基本的任务。一部近代思想史，也是一部主体性和理性扩张和涌动的历史。"他者"强调客体的异质性，以突出主体身份和强科学理性使人超越感性与经验，脱离日常生活，片面强调遵守秩序，将人推入"不自由"之境。后现代思潮和取向下的心理学研究反对传统科学心理学取向中的个体化、实在论和实证论，提出从整体、建构、平权、多元和应用的角度来研究心理与行为，强调社会文化历史脉络研究的主体间性，由此实现对传统科学心理学方法论的批判与超越。后现代主义思潮丰富了心理学研究的内涵，为构筑完整人性做出了显著贡献。

然而，主流心理学是现代性的产物，也是维系现代性的构件。之于主流心理学，后现代取向无疑是叛逆和革命的，是难以接受的另类。以分离、消解和去中心化为特征的后现代思潮冲击着以认识论为核心的现代思维堤防，致使科学理智泛起漪澜，这对科学心理学来说既可能是一种威胁，也可能是更新观念的契机。然而，置身于后现代思潮中，诸多原因所限使心理学反应迟缓。原因之一就是遭遇主流心理学的排异，迫使后现代主义者

---

① Nettler R. The crisis in modern social Psychology and how to end it ［J］. Canadian Journal of Sociology，1990，15（3）：370–371.

承认，其主张仅仅是多种话语建构中的一种[①]。后现代话语呈现的多元叙事和碎片形态，既是一种思想状态，又具有游戏性，"最显著标志是其嘲弄一切、蚀耗一切、消解一切的破坏性"[②]。后现代取向心理学理论和研究要么富于反讽，要么裹挟"杂音"或"污言秽语"等反语言，最终被贴上"另类"的标签并时刻给予预警[③]。

后现代取向心理学徘徊在质疑和被质疑之间：①放弃探讨宏大理论，却暗自追求终极话语；②反对二元思维，但无法摆脱现代和后现代的非此即彼；③批判"逻各斯中心"，却操持着"逻各斯中心"主义润染的概念和范畴[④]。

后现代心理学解构现代心理学的客观价值和标准，却又要确认自身价值，必然会陷入"自我参照悖论"。尽管如此，后现代取向心理学并不附丽于一个有着严密体系的框架，其真正沃土应该是社会现实，通过实践赋予效力和活力。显然，具有批判属性的后现代心理学平添了社会批判意识和效力，它通过对边缘话语加以分析，批判传统科学心理学背后的意识形态宰制，揭露隐藏其后的权势、身份和文化等问题。如此，尚能在一定程度上回应心理学长期被诟病的所谓"失语于社会苦难与不公"。

---

① Kvale S. Postmodern psychology: A contradiction in adjecto? [J]. Humanistic Psychologist, 1990, 18 (1): 35–54.

② Bauman Z. Intimations of post-modernity [M]. New York: Routledge, 1992: vii–viii.

③ Brannigan A. The postmodern experiment: science and ontology in experimental social Psychology [J]. The British Journal of Sociology, 1997, 48 (4): 594–610.

④ Denis B. (Post?) Deconstructuralism: a last word [J]. Journal of the Australasian Universities Language &Literature Association, 2014, 62 (1): 26–235.

三、"边缘—中心"结构与心理学的发展

（一）他者：排斥—回归—价值

"他者"是不可"同一"的对象。研究对象的"他者"强调客体的异质性，以突出主体身份和强化主流价值：①通过界定"他者"来界定自身；②通过建构"他者"来强化同一性；③通过互为"他者"来促进跨文化传播。主流心理学表达的是知识分子的、男权的和白人的声音，而非大众的、女性的和有色人种的声音。

"他者"的心理和行为被主流心理学忽略或替代，"以己之心度他人之心"，暴露出显著的"唯我论"，并进一步加重了"他心困境"。前者以"我的"经验获得、判定和检验"他者"的经验，是主流心理学"理所当然"的研究对象和建构者。从语言角度而言，不可能用自己的语言来表达他人的心理活动概念，也无法用自己的语言表达作为判断他人心理活动的标准。方案之一是通过确立一个向"他者"开放的概念来建立起一个统一的"心"概念。

如果说主流心理学将"他者"排除在研究视域之外，或消融于同一性之中，当前基于技术和伦理的考量则需要坦然面对"他者"的回归。简单的知识叠加不能解决现实困境，要转向对现实的批判、对理想境界的肯定和对伦理价值的高扬①：①从认识论上，主体真实地表现在与非主体（他者）的关系中，绝不是对主体自夸性质的确证中；②从伦理上，一方面寻求认可，另一方面又隐匿身份，"他者"不可能被整合。

主体对"他者"的开放，就是在对"他性"之异的承认、交流和责任

---

① Drury J. What critical psychology can（'t）do for the "anti-capitalist movement"［J］. Annual Review of Critical Psychology，2003，53（3）：90–113.

中完成主体性建构。"他者"的价值在于其充当自然反对理性、不在场反对在场，以及边缘反对中心的力量。纵观西方心理学发展史，民族心理学曾是个体心理学的"他者"，德国内容心理学曾是美国实用心理学的"他者"，临床心理学曾是学院心理学的"他者"。"他者"具有显著历史性，甘于和坚持做"他者"是心理学发展的表现和原因。

通过"他者"消解同一性的遮蔽，但是"他者"能够代替成为新的规范吗？毋庸置疑，反思西方心理学中对"他者"的压制，以解放的姿态对学科进行自我革新具有重要意义。问题是，高扬"他者"会不会推出新的"他者"？如果反对压制只能带来另一种压制，追求这种"不安分的游戏"意义何在？只要还是从抽象主体出发，坚持二元思维，便仍未摆脱主体性之思维窠臼。同一性思维的空前高涨使得强势的主体建立起控制地位，"他者"作为客体处于从属的、被建构的和被设定的境地。西方心理学研究对象的主体和"他者"需要通过主体间性转换来消解"我思"的优越性，承认"他者"的存在，建立主体和"他者"的理想样态。铺陈主体间性转换道路的哲学可以通过胡塞尔的现象学和哈贝马斯的交往行动理论，也可以是拉康的绝对他性地位的"他者"理论，还可以是勒维纳斯的"为他者"理论。只有破除同一性思维的主客二分，破除人把自身建立为一切尺度的尺度，据以揣度确定性尺度的尺度，方能彰显现代心理学和其他科学发展与繁荣所需要的多元主体精神。

（二）另类：缺位—补位—越位

研究方法的程序和规则不是随意制定的，而是依据研究对象性质确定的立场、规则、程序以及检验标准的综合。研究方法决定研究的起点、进路，进而影响研究的结论，而对研究方法的反思，则是一门学科成熟并走向纵深的体现。自科学心理学建立以来，对研究取向和方法的诟病大致有三点：①拟通过科学崇拜，混淆客体事实和主体价值以及应然和或然的区别；②研究对象决定研究方法，而非研究方法决定研究对象；③形式逻辑遮蔽历史事实。诸如此类导致心理学理论和实践的悖谬，也为"另类"研究取向的异军突起腾出理智空间，被视为对缺位的补充。缺位的原因在于，所谓"理性""科学"和"系统"的理智环境不但没有呈现意识和行为的全部图景，反倒愈加远离生活世界。在经历学科危机所带来的阵痛之后，西方心理学界反思实在主义、认知主义和实证主义所统辖的理智传统，亟待多样化的研究取向和方法予以补位。

纵观科学心理学发展史，存在"科学与人文的分离""理论和现实的分离"以及"理论自身的分裂和自闭"等取向缺陷，其根源在于认识论中存在的"二分""有序"和"理性"等简化和线性思维。作为一门复杂学科，心理学在学科性质、研究对象和研究方法等方面均呈现出复杂性，并日益突显自组织、分形、突变和混沌的属性，表现为心理和行为解释以及预测的不确定性和模糊性。因此，在主流取向追求确定性和规律性之外，势必要有补位的意识和实践，"另类"的研究取向适时出现。叙述社会心理学为心理学注入了语言学视野的关注形式，是对忽略话语维度的补位。修辞取向的心理学提出包括心理学在内的大部分科学话语并不是公式的、客观的或三段论的，而是补充心理和行为表述中的策略、论辩和修辞的维度。后现代取向则补充心理和行为的建构意义。

"另类"皆在挑战主流实验心理学的传统。当挑战得逞并取代传统真理，翻转二元等级后能否复归真理？这事关一点忧虑：那些致力毁灭自由的力量应当被赋予自由吗？突显边缘为心理学进行了"去蔽"，会不会导致新的"遮蔽"？这不得而知。通过对语言和叙事的强调，改变了心理学的隐喻，甚至改变了根本预设，若补位成了本位，补位也就变成了越位。谁在今天征服了理论先锋，并打破了知识现有等级秩序，明天自身就会成为又一个理论先锋，建立起新的知识等级秩序。突显边缘不是终结中心，亦不是护卫心理学的"最后武士"。换言之，"另类"是心理学摆脱危机话语的选择路径，而非依赖路径。通过"另类"识别缺位和落实补位是西方心理学前行的一贯路径，矫枉过正的越位则会引发新的谜思和偏歧。

（三）"边缘—中心"的破解路径

工业化国家会对第三世界国家的理智活动产生持续影响，究其原因，前者在研究结构、教育设施、知识生产和出版传播等方面遥遥领先，因此，边缘对中心的依赖是现实和难免的。加之，第三世界的精英和工业化国家的精英保持密切联系，乐于接受中心诉求并付诸实践。由此，"中心—边缘"被结构化和制度化。作为一对范畴，"中心—边缘"终归不利于心理学的发展，需要予以澄清和破解。一般而言，从经济和制度上破解"中心—边缘"格局较多。从文化而言，不妨从文化差异性、时空流变性和生存内涵予以解读和探析。以文化透析"中心—边缘"格局，首要遵循差异性原则。心理学的研究对象和取向被"同一性"压制时，心理学就失去自由度并退行至"单向度"；而质疑和颠覆"同一性"压制，把人解放出来，才可能恢复人的差异性。以多元视野审查心理学和人性，边缘就有了存在合理性，形成与中心既抗争又互动的格局，最终达到边缘渗入中心，从而消解霸权。

在时空流变上，作为差异存在的对象，"他者"和"另类"取向对时空诉求保持一定的敏感性：与中心保持距离，又游离之外，呈现出交叉模糊状态；随着时间的改变，"边缘"不具有本体属性，就有了位置互换的可能。中心和边缘始终是相对的，保持一种动态协同和区域依存的关系。

例如，文化作为高级属性起初不被心理学视为研究对象而处于边缘，但随着学科生态效度与文化品位的提升，心理学发生文化转向，文化心理学逐步走向中心。从生存内涵层面来看，以差异标注"边缘"既是一种疏远的姿态，也是一种独立的姿态。从学科发展的角度而言，心理学的边缘是一种生存智慧和发展策略，不是完全被动的选择，而是具有主动诉求的要素。"边缘"不再是无奈之境，正是有了"边缘"的顽强存在，心理学的疆域才不至于封闭，才更有利于营造多元并存和开放融合的繁荣局面。

综合而言，文化差异性、时空流变性和生存内涵三个层次将边缘心理学界定为远离特定文化权力中心，一种秉持特异性、地位流变的心理学学科实存现象或状态。该界定既强调"边缘"外在和远离中心的距离美，又彰显"边缘"的批判意识。心理学流派时期，各流派创制期就面临"边缘情境"，例如构造主义心理学在英国的处境、精神分析未传入美国之前的处境等。边缘心理学面临"边缘情境"，但不能形成"边缘人格"，更不能适应"边缘文化"。将心理学的边缘和中心二分并意识形态化，势必会造成中心对边缘的制度性干预，致使研究对象的"他者"和"另类"研究取向形成"边缘人格"。将边缘心理学视为依附于心理学的边缘，是心理学不发达的外在表现，也是阻滞发展的内在障碍。走向非中心，解构主流心理学的本质论和认识论，其目的是留住多元、宽容和辩证的完整科学。

四、小结与展望

通过"边缘"可以理解中心的缺失。"在这里""到那里""回到这里"，中心的观念和价值需要到"异文化"中检验、修正和复归。心理学探究"人心"的途径是复调和多元的，"他者的目光"和"远我的声音"被倾听、包容和引导，有助于照亮探究完整人性之路。边缘心理学的"他者"和"另类"

仍处于心理学的边缘，明确指涉心理学发展的不平衡，可以将经济学的规范分析、社会学的实证分析、历史学的过程分析和哲学的整体分析等思路相结合，揭示和解释发展不平衡的根源和走向均衡的路径。在当前发展不均衡的现实背景下，中心之外的心理学秉持特异性有其必要性和独特意义，牵涉到科学技术史话语，涉及知识发现模式、知识理论评价和知识发展模式等系统科学问题的裁决。心理学应该积极接纳多样性和包容差异性——如此这般，心理学将继续是一门令人激动的学科 [①]。

相对于历史的深沉，时代显得浅薄。历史倾向淘汰浅薄和庸俗，时代倾向推崇稍纵即逝的流光。一部科学心理学史，既彰显出历史的深沉，也暴露出时代的浅薄。主流和边缘杂糅出心理学的历史和时代，形成一对复杂的权力关系。以"边缘"为名研究心理学，不避讳由此带来的尴尬与无奈，是因为"边缘"既是无奈的认知，也是着意的强调，还是反抗的姿态。边缘的存在成了对主流的反证，其意义在于印证科学心理学的结构性缺损。边缘的历史和时代无法更改，边缘心理学面临边缘情境，但不能形成"边缘人格"，更不能适应"边缘文化"。所有的权力关系都在不断变化中，被忽略和遮蔽的历史势必会过去。在可见的未来，大概率会出现一个包含不同文明的世界，身处其中的每一个文明都值得学习。不同文明的共存既会互相沟通和合作，也会相互冲突和争斗，边缘心理学的前途亦作如是观。

---

① 赫根汉. 心理学史导论［M］. 郭本禹，译. 上海：华东师范大学出版社，2006：978.

第七章　女性主义批判与西方心理学理论和研究的深入发展

　　种族、阶级和性别是当代西方学术氛围中三个重要的差异范畴。作为最古老的差异事实，性别差异范畴在批判视野中从未消失，但其批判效力却长期被压制，导致经验差异（生物本质主义）被低估，甚至沦为父权逻辑的口实。随着女性意识觉醒，女性通过不懈抗争书写女性历史，但作为女性文化在场仍囿于边缘。

　　20 世纪 60 年代以降，西方文明经由反思将批判触及男权和逻各斯中心主义，女性主义批判作为学术范畴方才获得合法地位。之后，女性主义文化思潮蔓延至各领域并掀起一场"性别革命"，其要旨是揭示西方意识形态中的性别偏见，将被忽略的女性经验显性化，并以性别差异范畴重新诠释既定知识框架和社会现实。这场声势浩大的理智革命波及心理学领域，而此时的心理学正深陷在危机与漩涡之中。西方心理学的危机和科学社会革命共同促使学科共同体对研究主题、理论预设和构建、主导的方法偏好等方面进行严肃检讨。女性主义浪潮恰逢其时，一方面加剧了西方心理学的危机，另一方面为其理解危机和打开局面提供了契机和思路。

以性别差异心理为研究主题的女性心理学有着悠久的历史，但女性主义心理学兴起的时间并不长。作为一个独立取向，女性主义心理学得到国际心理学界承认的标志性事件是 1969 年美国女性心理学联合会成立和 1973 年美国心理学会（APA）下辖的女性心理学分会成立。女性主义心理学的确立有其复杂的社会背景，即女性广泛而深入地介入公共社会生活。女性主义心理学以明确的问题意识、尖锐的批判锋芒和坚韧的革命精神，改变了西方心理学的研究传统，拓展并激发了广阔的理智空间，包括各种元理论和具体理论。有学者梳理和反思女性主义对西方心理学的影响。例如，郭爱妹和叶浩生阐释了女性主义对主流心理学的男权主义、客观主义、价值中立和方法论意蕴的批判[1][2][3]。然而，鲜见以女性主义理论发展为线索，详细探讨其对西方心理学理论和研究变迁的影响。

20 世纪 60 年代以来，西方女性主义主要从三个路径进行理论探索：马克思主义女性主义、精神分析女性主义和解构主义女性主义[4]。本章以女性主义理论探索的三种路径为线索，结合西方心理学的危机脉络，逐一解析各个理论路径对西方心理学发展的影响。最后，结合女性主义本土化，

---

[1] 郭爱妹，叶浩生. 西方父权制文化与女性主义心理学 [J]. 妇女研究论丛，2001，10（6）：25-31.

[2] 郭爱妹，叶浩生. 试论西方女性主义心理学的方法论蕴涵 [J]. 自然辩证法通讯，2002，47（5）：6-20.

[3] 叶浩生. 女性心理学的进化与后现代女性心理学的产生 [J]. 心理与行为研究，2004，2（2）：405-410.

[4] Balbus I, Hinchman S. Marxism and domination: A Neo-Hegelian, feminist, psychoanalytic theory of sexual, political, and technological liberation [J]. Contemporary Sociology, 2014, 13（2）：228.

论述女性主义心理学本土化的理论限度。

一、西方心理学的马克思主义女性主义批判

马克思主义女性主义，又称女性主义的马克思主义、社会主义女性主义和激进女性主义，是以马克思主义的立场看待女性主义，用马克思政治经济学理论批判资本主义体制下的女性地位和状态。马克思主义女性主义发展历经了一部三幕剧：诞生、衰落与复兴[①]。

（1）二战后，女性主义借助马克思政治经济学批判，将批判目光从公共生产领域转向家庭私人领域，女性在家庭内的劳动被纳入政治经济学框架。

（2）20世纪80年代美英新自由主义兴起，女性的政治经济地位得以显著改善，马克思主义的政治经济学批判威力大减。女性主义的相关主题转变为女性身份以及两性差异，批判视角被文化政治学批判所取代。

（3）女性主义的文化政治学批判实际上以身份政治掩饰资本主义获利，未来势必重返身份生产的政治经济学批判[②]。

在现代西方社会科学的诸多领域中，马克思的思想和学说占有特殊而重要的地位，马克思学者们对类似心理学知识的思想形式作出有原则高度的批判[③]。马克思主义把人的解放和全面发展作为理论核心，女性社会参

---

① Leticia S. Fortunes of feminism: From State-Managed Capitalism to Neoliberal Crisis [J]. Feminist Legal Studies, 2014, 22（3）: 323-329.

② Hardt M, Negri A. Adventures of the multitude: Response of the authors [J]. Rethinking Marxism, 2001, 13（3-4）: 236-243.

③ Parker I. Critical psychology and revolutionary Marxism [J]. Theory & Psychology, 2009, 19（1）: 71-92.

与需要全方位的抗争：政治的、经济的、文化的和心理的①。马克思主义妇女理论的主要内容从人类社会发展史的角度探求妇女受压迫的根源。

（1）生产资料私有制的起源使得女人成为男性的私有财产，这是女性"具有世界历史意义的失败"。

（2）一夫一妻使女性处于从属地位，专偶制仅针对女性，对男性没有约束力，"个体家庭建立在妇女的家庭奴隶制之上"。

（3）妇女劳动只限于家庭私人领域，被排除在社会生产之外。

总之，马克思主义认为妇女受压迫根源于私有制，关键原因是经济压迫。"批判的武器不能代替武器的批判"，解放妇女首先要消灭私有制。从一切解放运动的经验来看，革命成败取决于妇女参加解放运动的程度。②

马克思主义女性主义重新解释了西方心理学的诸多元认知，试图改变西方心理学的知识图景。

（1）从政治经济学范畴分析女性问题产生的原因，透析主流心理学所包含的男性中心主义偏见的表现、原因以及对策。

（2）解读心理学科学发展过程中，女权主义心理学运用马克思关于资本主义阶级压迫、异化等理论武器解释传统心理学的学术建制和知识生产，充当了心理学学科变革的发动者和促进者③。

（3）马克思主义女性主义看待世界的方式是批判的，而不是静止稳态的。西方主流心理学狭隘的经验主义、价值中立和还原主义也因此受到

---

① Vindhya U. Feminist challenge to psychology. Issues and implications ［J］. Psychology & Developing Societies，1998，10（1）：55-73.

② 列宁．在全俄女工第一次代表大会上所发表的演说 ［M］//中华人民共和国全国妇女联合会．马克思恩格斯列宁斯大林论妇女．北京：人民出版社，1978.

③ Nicolson D. Telling tales：Gender discrimination，gender construction and battered women who kill ［J］. Feminist Legal Studies，1995，3（2）：185-206.

揭露和批判。

（4）马克思主义女性主义对现实社会一贯秉持热切关怀，有助于纠正西方心理学长期被诟病的"面对社会苦难和不公一直失语"之顽疾。

主流心理学表达的是知识分子的、男权的和白人的声音，而非工人大众的、女性的和有色人种的声音。简单的知识叠加不能解决现实困境，要转向对现实的批判、对理想境界的肯定和对伦理价值的高扬[①]。

探索人类发展的前景，势必求教于马克思主义，因为马克思主义理论立足现实，又兼容并蓄。20世纪80年代，自由主义崛起，工业化和市场化使妇女家庭劳动得到市场认可，两性就业平等和同工同酬等女性主义奋斗目标似乎得以实现。马克思政治经济学批判被文化政治学批判取代。女性主义将注意力投向女性身体特殊性，女性主体宣扬自身感受，表达特异性历史意义[②]。然而，这种快感和欣喜并未持续多久，女性主义很快发现女性的生命和身体也沦为资本主义开发的领域。妇女面临的是一种全新的政治经济学，即身体生产的政治经济学，这为心理学带来了一个新课题，即女性身体心理学。此外，传统心理学始于客体向度并停留于这一向度，再生产压迫性的资产阶级社会关系，并以科学之名将其合法化。以主体科学自称的批判心理学，基于对心理过程的历史唯物主义理解，致力于全面反思和重构传统心理学的基础假设、理论范畴和方法论，赋予心理学以价值承诺和激进的、解放的、寻求社会正义和质疑现状的新路向。

① Drury J. What critical psychology can（'t）do for the "anti-capitalist movement" ［J］. Annual Review of Critical Psychology, 2003, 53（3）: 90–113.

② Hélène C, Keith C, Paula C. The laugh of the Medusa ［J］. Signs Journal of Women in Culture & Society, 1976, 1（4）: 875–893.

二、西方心理学的精神分析女性主义批判

精神分析女性主义批判是指基于弗洛伊德和拉康的精神分析理论及方法论而形成的女性主义批判。女性主义意识在精神分析理论内部早已觉醒，并据此展开了自我革命。1967 年，霍妮是精神分析领域内女性主义的先驱，她通过《女性心理学》一书，试图扭转弗洛伊德主义对女性心理发展的忽视与贬低，实现了精神分析的"女性主义转向"[①]。在转向之前，经典精神分析在女性心理发展问题上坚持"解剖即命运"的生物决定论，认为女性无须解决"俄狄浦斯情结"，因此无法形成强大的"超我"，导致其心理发展明显落后于男性，表现为神经质、虚荣和缺乏正义感。霍妮虽然否定了心理发展的"本质论"，但认同女性在男权压力下会表现出迎合与妥协。克莱因则认同解剖差异导致心理差异，但她立足于女性解剖特征，强调母婴关系对个体心理发展的重要意义。多伊奇提出了以女性为中心的精神分析人格发展理论，阐明了女性终生发展特征、女同性恋形成机制以及双性心理特征[②]。多伊奇是精神分析学派中完整讨论女性心理的代表人物，推动了精神分析运动对女性的持续关注[③]。

显然，精神分析因其浓厚的男权中心和性别歧视色彩，招致了女权主义者的强烈不满和严厉批评。然而，女性主义也从精神分析的语言结构中找到了颠覆男性中心秩序的突破口。二者的碰撞经历了抗拒、借鉴到融通的过程。女性主义起初对弗洛伊德的"厌女主义"极为反感。例如，波伏

---

① 卡伦·霍尼. 女性心理学［M］. 窦卫霖，译. 上海：上海文艺出版社，2000.

② Deutsch H. Some psychoanalytic observations in surgery［J］. Psychosomatic Medicine, 1942，4（1）：105–115.

③ 王礼军，郭本禹. 被遗忘的女性精神分析大师：多伊奇的女性观述评［J］. 西南民族大学学报（人文社科版），2016，38（11）：226–231.

瓦在 1949 年发表的《第二性》中指出"女人不是天生的，而是变成的"[①]；1963 年，弗里丹在《女性的奥秘》中指出女性被压迫的地位被精神分析理论所结构化[②]。1970 年，米利特在《性政治》中批判弗洛伊德的男性霸权立场，将其判定为女权运动的敌人[③]。尽管如此，弗洛伊德精神分析严密的理论体系还是被女权主义借鉴并发展出精神分析女性主义，并形成了两个流派：①以 Rubin 为代表的后结构主义流派；②以 Chodorow 为代表的对象关系流派。在质疑之余，精神分析女性主义打破了女性的沉默，创造了一种独特的女性话语和性别秩序。例如，Rubin 以精神分析为轴，理解性别主体性的获得[④]。俄狄浦斯情结被视为产生"性的人格"装置，其目的在于防止乱伦，满足社会性别角色期待。女性主义的目标不应是消灭男性，而是消灭产生性别歧视的社会制度。因此，精神分析是一个有缺陷却未完成的女权主义理论。

在精神分析文化批评浪潮中，西方心理学理论和研究得到了独特的审视和促进。

（1）强调社会性别的文化建构。经典精神分析强调女性弱势地位的生理基础；精神分析内部率先进行自我改革；精神分析女性主义颠覆性地将重点放在俄狄浦斯情结之后，强调社会性别关系形成于社会和文化等非生物因素。

（2）确认现象学和解释取向的女性主义心理学。精神分析女性主义

① 西蒙娜·德·波伏瓦. 第二性 [M]. 郑克鲁，译. 上海：上海译文出版社，2014：268.

② 贝蒂·弗里丹. 女性的奥秘 [M]. 巫漪云，丁兆敏，林无畏，译. 南京：江苏人民出版社，1988.

③ 贝蒂·凯特·米利特. 性政治 [M]. 宋文伟，译. 南京：江苏人民出版社，2000.

④ Rubin D. Feminism and anthropology [J]. American Ethnologist, 1994, 21（4）：902-903.

摒弃以实证主义范式研究女性经验，倡导以女性主义自己的研究范式和知识体系来呈现女性经验和女性意义。

（3）触发了女性主义治疗的理论和实践。女性主义心理治疗认为，女性当事人的心理痛苦源于社会和政治因素，主张通过性别角色分析和性别角色介入等治疗技术，促使痛苦意识化，洞悉现实女性角色对妇女的压迫[①]。精神分析女性主义还纠正了传统精神分析治疗中咨访关系地位不对等的状况。

（4）显著促进了女性心理学的传播。精神分析对西方文化传播极具促进作用，女性主义借助精神分析的文化传播力获得了跨学科传播和大众传播。

女性主义者在拉康的后精神分析中发现了话语性别。拉康关于主体建构、无意识语言结构等理论对女性主义批判产生了重要影响：①揭示和突显性别构成的语言属性；②提出想象态和象征秩序等主体构成的阶段划分，为寻找女性语言之源头提供了理据；③将语言与女性身体相联系，积极开展语言实践[②]。

受拉康的主体—性—语言体系的影响，法国出现了后现代女性主义三大家：Cixous、Irigaray、Kristeva。Cixous 关注女性语言，探索以"女性写作"言说女性身体的异质性和多义性。Irigaray 则关注话语、性、权力之间的关系。Kristeva 通过"符号分析学"构建"女性伦理"。如此这般，女性主

---

① Mindel S. Review of women in therapy: New psychotherapies for a changing society, Psychoanalysis and feminism: Freud, Reich, Laing, and women and women & analysis: dialogues on psychoanalytic views of femininity [J]. American Journal of Orthopsychiatry, 1975, 45（3）: 500–504.

② 黄柏刚. 拉康的精神分析理论对女性主义批评语言意识的影响 [J]. 湖北大学学报（哲学社会科学版）, 2013, 30（5）: 68–73.

义通过话语范畴建构社会。经由福柯、利奥塔和德里达等后现代思想的持续发酵，女性心理学定位于男性中心的西方知识话语传统，理论重心从"结构"转向"话语"。在话语中，被压制的女性重新"被言说"。通过话语，西方心理学重新认识了心理学的研究对象、研究过程和结构呈现，西方心理学从"独白"转向"对话"①。

三、西方心理学的解构主义女性主义批判

解构主义女性主义是指女性主义者借鉴解构主义原则和方法，对现代社会的"逻各斯中心"传统，包括女性主义批判初期的学派和思想，进行反思和批判。解构主义否定传统的形而上学和认识论，质疑所谓的客观真理以及颠覆主流文化价值。解构主义女性主义据此对以往女性主义理论进行系统反思。

第一，揭露女权运动早期的平权运动被装进人权和解放的大型理论，实际上并未脱离普遍主义和本质主义。

第二，反思马克思主义女性主义提出的妇女受压迫的经济根源论，认为应该放弃妇女解放的具体目标，转而致力于解构社会意识和思维习惯，彻底消解其对女性的影响。

第三，反思精神分析女性主义以生理差异构建性别差异，认为"女性"是一个不确定的概念，要以"话语文本"和"互文"加以理解。

第四，消解"菲勒—逻各斯中心"既是解构的手段，也是解构的对象；"消灭神秘性"则是用以揭示意识形态的虚伪②。

---

① 薛灿灿，叶浩生. 话语分析与心理学研究的对话探析［J］. 心理学探新，2011，31（4）：303-307.

② Wright O. Explanation and emancipation in Marxism and feminism［J］. Sociological Theory，1993，11（1）：39.

女性主义的解构主义浪潮意味着性别意识不再居于首要地位，重要的是性别构建，并且是与阶级、种族和宗教等相联系的多因素构建。解构主义的女性主义心理学家关注移民、跨性别和跨阶级等多因素交互关系中的性别问题。例如，Espin 通过心理访谈了解到社会排斥、性征和种族问题如何构建美国女性移民的性别身份[1]。Morris 通过性身份构成、性取向公开、性行为表达以及女同性恋意识四个维度理解和研究同性恋[2]。这不同于以往主要采取简单模式描述同性恋，将同性恋放入种族、宗教、地理归属、教育和职业等复杂背景予以考察。解构主义女性心理学家还探讨性别与权力的关系，揭示性别的制度化意识。例如，Yost、Zurbriggen 探究权力和性的关联以及侵略的性行为，审视男女性幻想中权力、支配、欲望和愉悦之间的关系[3]。Bullock、Limbert 探究低收入女性对身份和发展机会的认知[4]。Hegarty 探究性征信念和污名化之间的关系，立足于政治干预主义，批判政治和科学之间的关系[5]。

这些研究的特异和饶有趣味之处在于采取解构的方法，重新解读主流

---

[1] Espin M. Voicing Chicana feminism：Young women speak out on sexuality and identity［J］. Latino Studies，2004，2（2）：280-281.

[2] Morris F. Lesbian coming out as a multidimensional process［J］. Journal of Homosexuality，1997，33（2）：122.

[3] Yost R，Zurbriggen L. Gender differences in the enactment of sociosexuality：An examination of implicit social motives，sexual fantasies，coercive sexual attitudes，and aggressive sexual behavior ［J］. The Journal of Sex Research，2006，43（2）：163-173.

[4] Bullock E，Limbert M. Scaling the socioeconomic ladder：Low income women's perceptions of class status and opportunity［J］. Journal of Social Issues，2003，59（4）：693-709.

[5] Hegarty P. "It's not a choice, it's the way we're built"：Symbolic beliefs about sexual orientation in the US and Britain［J］. Journal of Community & Applied Social Psychology，2002，12（3）：153-166.

心理学生产的关于女性的"科学知识",揭露其隐含的男性偏见。

第一,社会性别的复杂建构。性别是规定的,不是表达的,应该用多元的、具有复杂内涵的社会属性概念代替那些简单笼统的女性特征。

第二,女性主义心理学不是关于女性的研究,也不是由女性来研究,而是为女性而研究:为解放女性摇旗,揭露和抗争控制女性的知识。

第三,建立基于女性价值的研究方法,研究女性的多元经验:否定存在价值中立的研究,赋予科学以价值承诺;主张研究方法多元化,鼓励会聚式研究思维。

解构主义的女性心理学还重新界定了心理疾病的病因、干预和转归模式[①]:心理疾患是社会构建的概念;痛苦被看作抵抗、生存能力和愿望;干预技术主要是对心理压迫进行整合性分析,帮助其争取社会权利,进而寻求社会认同;心理治疗致力于实现社会公平和公正。

解构主义女性主义常常陷入自相矛盾[②]:放弃探讨宏大理论,却暗自追求终极话语;反对二元思维,但无法摆脱男女二分;批判"逻各斯中心"主义,却操持着"逻各斯中心"主义润染的概念和范畴。因此,解构主义的女性心理学对西方心理学的批判存有理论悖论。例如,解构主义的女性心理学既要解构男性世界观,又要确立女性价值的普遍性,因此陷入"自我参照悖论"。尽管如此,女性主义毕竟不是一个有着严密思想体系的框架,求全责备大可不必。解构主义女性主义心理学的真正沃土应该是社会现实,让实践赋予其无限活力。如今,家庭关系、劳动分工和社会民主都不可能

①　Parker L. The unequal bargain [J]. Journal of Feminist Family Therapy, 1998, 10 (3): 17–38.

②　Denis B. (Post?) Deconstructuralism: a last word [J]. Journal of the Australasian Universities Language & Literature Association, 2014, 62 (1): 26–235.

再接受男性主导的观念和性别歧视，妇女已经享受着女性主义取得的成果。那么，是否需要一个新的女性主义 ①？总之，当女性主义与解构主义结盟，在这个号称"终结"的时代，女性主义是否会随着"男性终结"而终结？还有待研究。

四、女性主义本土化与女性心理学本土化

20世纪80年代，中国女性主义开始接触西方女性主义理论，这一理论在与"他者/自身""发达国家/第三世界""文化霸权/民族自尊"等复杂因素的交织中，构成了女性主义本土化的独特景观。女性主义本土化意味着国内学界对本土女性生存经验特殊性的深入挖掘，开始寻求女性本土化的言说方式，展现了既要对抗男性中心主义，又要摆脱西方女性主义的理论束缚的坚定态度。中国女性主义的发展离不开西方女性主义这一重要参照，甚至将效仿和追赶西方视为重要目标。然而，国内学界在自我定位时往往强调其弱势地位，对西方女性主义的学术成就和实践经验表现出明显的向往和憧憬。但需要注意的是，西方女性主义植根于"欧洲中心主义"，立足于两性二元格局，以此观照中国妇女的生存状态时，往往会暴露出"成熟女性"对"未启蒙妇女"以及"自由女性"对"受难女性"的睥睨 ②。无论是精神分析女性主义、马克思主义女性主义还是解构主义女性主义，其理论建构都植根于特定的文化、社会和历史语境之中。虽然研究中国妇女问题的重要理论资源大多来自西方，但这些理论只能作为参照，

---

① Coward R. This novel changes lives: Are women's novels feminist novels? A response to Rebecca O'Rourke's article "summer reading" [J]. Feminist Review, 1980, 5 (5): 53-64.

② 张宏. 近年来美国的中国妇女史研究范式的嬗变 [J]. 世界历史, 2012, 35 (6): 116-124, 161.

不能完全替代本土化的理论建构。

鉴于中西女性主义发展境遇存在显著差异，中国女性主义的首要任务在于深入认识并理解这些差异，善于利用"差异资源"，着力发掘本土传统。20世纪80年代之前，国内学界关注女性解放问题，并被各种社会思潮所影响，研究目的主要服务于社会变革。20世纪80年代后，开始向西方女性主义靠拢，强调女性的独立地位，实际上是以"女性主义"话语为载体，推进现代化进程。换言之，以西方女性主义为参照的中国女性主义运动与政治诉求相联系，而非完全源自女性的自觉和需求①。西方女性主义扎根于个人主义文化传统，遵循着从中世纪黑暗走向现代独立自由的线性发展路径；而中国女性传统则与群体文化紧密相连，女性命运与国家主体密切相关，体现出忍辱负重和爱国爱家的人文情怀。因此，中国女性主义并非排斥男性，而是致力于争取男性②。中国文化传统中虽然缺乏女权概念，但存在独特的母权传统。另外，在面对精神分析女性主义、马克思主义女性主义和解构主义女性主义这三种批判理论资源时，我们也需要厘清其理论前提，划定适用界限。例如，后殖民时代对当代资本主义的新分析和批判，需要辨识马克思主义女性主义与中国特色社会主义妇女工作实践的关系，探论精神分析女性主义与中国崇父爱母文化的冲突与交融，以及解构主义女性主义在我国农业、工业、后工业三级叠加社会中的话语处境。

女性主义本土化进程有力推动和激发了女性心理学的中国化发展。

从应然层面来看，女性心理学中国化的目标是为中国妇女发声，用她们的话语构建有本土效度的理论和研究。本土女性心理学应当采取适合中国女性心理特点的研究工具和方法，将研究对象（各年龄阶段女性、城乡

---

① 董丽敏. 女性主义：本土化及其维度 [J]. 南开学报，2005，51（2）：13–18.

② 孙莉莉. 浅析女性主义本土化的困境 [J]. 西安社会科学，2010，28（3）：38–39.

女性、各民族女性、正常和边缘化女性等）放于传统—历史—宗教—文化的整体框架中，对西方女性主义心理学资源进行批判性吸收，以期既能形成关于中国女性心理和行为研究的概念和理论体系，又能够帮助广大妇女解决实际心理困扰，使女性心理学走进广大女性实际生活。

从实然层面来看，当下我国学界研究还存在以下四个问题。

第一，过多介绍和参考西方女性心理学研究理论和框架，未经充分反思和批判地加以应用，导致其生态效度低下，实际影响微弱。

第二，忽视了占中国人口绝大多数的农村妇女，遗忘了社会边缘女性和中国留守女童等特殊群体。

第三，严重脱离中国女性社会心理和生活史，如针对"三从四德""家族观"等传统儒家文化对女性的影响，以及社会转型和文化断裂对妇女的影响等缺乏深入研究。

第四，所谓本土契合性方法，虽然对理论探讨得多，但是实际践行得少。

20世纪80年代，西方女性心理学被引入国内。从20世纪90年代开始，以杨国枢、杨中芳、葛鲁嘉和叶浩生等为代表的学者开始对心理学进行本土化研究。女性心理学本土化从最初进口加工西方女性心理学为起点，属于"外衍性本土化"。

要走向契合传统—历史—宗教—文化的"内发性本土化"，需要点重关注以下五个方面。

第一，结合儒家文化背景，充分考虑女性社会属性的整体性和关系生成性。

第二，关照女性中的"他者"，如农村女性、留守女性、边缘女性或少数民族女性，避免让女性心理学沦为精英女性心理学。

第三，关注时代转型对女性的影响，关注多种文化角色对女性的影响，关注中国女性特有的现实问题，如生育政策转变对女性的影响。

第四，明确心理学本土化的定位不在于发现普遍规律，而在于为现世生活提供切实帮助[①]。在女性心理学本土化过程中，建议充分利用叙事、建构、解构等多种研究思路，以研究问题为中心，为解决妇女现实生活问题提供有效方案。

第五，妥善处理好女性心理学本土化与女性心理学全球化、女性心理学传统化的关系，避免女性心理学非学科化，使中国的女性心理学能够成为世界女性心理学知识体系的重要组成部分。

五、小结与展望

文化人类学家 Eisler 提出，存在一种具有"女性行为"属性的人类文明，它是不同于现代文明的另一种文明形态，是一种探索和谐发展和提升生命价值的文明[②]。女性主义主要聚焦于父权和男权的宏观世界，关注女性解放问题，属于解放政治的范畴。而女性心理学则更加关注个人微观世界，属于生活政治的范畴。Weisstein 曾言，心理学对女人需要什么一无所知[③]。由于女性的缺场，心理学需要在女性主义哲学指导下进行一场深刻的革命。捍卫女性利益就是捍卫人类文明，这是一项具有深远责任和鲜明价值取向的事业。当代心理学的女性主义批判尚未形成统一的行动纲领。除马克思主义女性主义、精神分析女性主义和解构主义女性主义外，女性主义还有其他理论资源可供借鉴。服务于女性主义的马克思主义、精神分

---

① 汪新建，张曜. 中国本土心理学及其特征 [J]. 社会科学文摘，2017（1）：68–70.

② Eisler R. Rejecting cultures of domination [J]. Tikkun, 2011, 26（1）：37.

③ Weisstein N. Psychology constructs the female; or the fantasy life of the male psychologist [J]. Feminism & Psychology, 1971, 3（2）：195–210.

析和解构主义这三个理论资源从不同角度审视和启发了主流心理学的研究，掀起了一场声势浩大的批判传统男性中心文化的思想运动，具有重要的理论价值和现实意义。这是西方心理学日趋成熟的表现，也是西方心理学理性发展的一种重要样态。

女性主义科学观本质上属于科学批判取向，它认为现有的科学观、价值观和理论知识都负载着权力。目前，对社会文化性别的主流分析集中于西方文化传统，理论生产的资源也主要来自西方。如 Schiebinger 所言，我们尚未开展关于中国古典科学的社会性别研究，也缺乏对印度次大陆的妇女，以及非洲或者南美洲科学事业中妇女的研究[①]。若女性主义科学史确实具有生命力，那么女性主义研究和实践的本土化和国际化是必然趋势，也是检验其生命力的重要指标。

不同于中国近现代史上的"妇女解放运动"和新中国成立后的"妇女权益运动"，女性主义本土化和女性心理学本土化属于科学技术史话语范畴，涉及知识划界、知识发现模式、知识理论评价和知识发展模式等系统科学问题的解决。显然，当前对女性主义本土化的讨论尚不充分，女性心理学本土化更是严重滞后。我们既要拒绝亦步亦趋的模仿，又要期待本土化理论能够有所建树。女性主义心理学及其本土化都属于"正在形成和进行中的理论和实践"。她——依然还在路上。

---

① Schiebinger L. The history and Philosophy of women in science:a review essay［J］. Signs Journal of Women in Culture & Society，1987，12（2）：305-332.

第八章　实践转向与西方心理学理论和研究的深入发展

西方心理学的发展史，本质上是一部学科的自我革命史。心理学创立之初，为了追求"科学"而刻意疏离"人为"，仅将"独立于人"的结构性现象作为研究对象，专注于精确考察"客观存在物"，最终导致学科陷入深重危机。究其根源，在于西方主流心理学因循实体本体论和二元认识论来认识"社会中的人"。这种认知方式导致西方心理学过分强调普遍性而忽视情境性，强调观察而忽视介入，强调结构而忽视进程，强调理性而忽视实践[①]。面临危机的西方哲学试图通过各类转向来克服近代哲学关于内在性和超越性的不可通约问题，以期重建哲学体系。20 世纪 90 年代以后，哲学社会科学领域出现显著的实践转向，即从关注作为知识（或表征）的科学转向作为实践的科学。西方心理学的学科危机亟须一场自我革命来实现拯救和突破，而实践转向恰逢其时地为西方心理学的转向提供了

[①]　胡洁，周晓虹. 危机与"脱危"之后：社会心理学的晚近发展［J］. 山东社会科学，2022，36（7）：133-143.

理论依据。

"实践转向"是一场开放、松散却具有明确方向的思想运动，构成了一个庞杂的理论家族[①]。这一松散的实践转向运动呈现出差异显著的本体论、认识论和方法论预设。为避免"实践转向"流于形式和走向虚化，要具体探讨转向的定位和操作。长期以来，西方心理学在"实践向度"和实践哲学批判缺位[②]。国内有学者以马克思主义实践哲学观点审视西方心理学的理论探讨，认为心理学把实践排斥于研究视野之外，未能构建出"完整的人"的形象[③]。鲜有研究能深入探讨不同实践转向路径，对西方心理学理论和研究变迁所产生的影响。西方哲学苦于无法建立内在精神和外在存在者之间的稳固关联，哲学根基的不牢导致西方心理学基础不稳。实践哲学试图克服理性主义独断论和经验主义怀疑论的缺陷，在实践基础上弥合或重构二者之间的鸿沟。在诸多学者的卓绝努力中，逐渐形成了三种实践转向的具体进路：生存实践转向、生活实践转向和生命实践转向。根据这三种实践转向的特异性，可以分析其对西方心理学的学科性质、研究过程和思维转换产生的影响。

一、西方心理学实践转向的逻辑

（一）从科学作品到科学过程：西方心理学研究性质的反躬自省

探究西方心理学陷入危机的原因及其破解之道，首先需要反思西方心

---

① 郁振华. 论哲学中的实践转向［J］. 学术月刊，2023，55（12）：5-15.

② 杨文登，丁道群. 马克思主义实践哲学视域中的心理学研究［J］. 中南大学学报（社会科学版），2009，15（3）：315-323.

③ 杨文登，丁道群. 试论心理学的实践转向［J］. 常州工学院学报（社会科学版），2007，25（1）：49-53.

理学研究活动本身。西方心理学研究究竟是要提供一种具有本质属性或普遍性的科学知识体系，还是在知识建构中贯穿非理论化或实践性活动，具有生成性、异质性和情境性？回答这个问题时，是关注科学作品还是关注科学过程？不同的选择，将导致截然不同的理解和答案。科学作品指科学在某一确定时间内的稳定结果（如公认的理论、实验事实等）。科学性成为科学的根本依据，并不在于其结果，即科学性并不是实践过程的最后结果，而在于其本身的探索和实践过程①。主流科学哲学过于关注科学作品而忽视科学过程。主流西方心理学表面上对研究结果和实验过程都很关注，但只是将实验视为一个能够提供毫无疑问事实的"黑箱"，实际上完成了从实验产品转向实验室活动的转变。"钥匙在黑暗处丢失，心理学家非要在亮灯下寻找"这句俚语形象地反映了西方心理学学科的发展状况。

科学哲学从科学作品转向科学过程衍生出三条进路：科学实践解释学进路、新实验主义进路和认知科学涉身性进路②。基于这一逻辑，对西方心理学理论和研究作为"科学的实践"的理解应该是：西方心理学不仅包括心理科学的主体对客体的操作活动，也包括科学研究过程中科学研究相关单元之间各类形式的活动，例如选择、合作、争辩和评价。不仅如此，包括西方心理学在内的诸多科学都还受到权力和利益的驱使，其理论和实践被部署于国家和地方所允许的层面，成为一种意识形态。

从科学作品到科学过程的实践转向呈现了西方心理学的新形象——机遇性、多样性和时空流变性。具体到主流实验心理学，规范性和社会现实

① 蒋谦. 当代科学哲学中的"实践转向"及真理标准问题［J］. 社会科学动态，2018，2（8）：10–18.

② 吴彤. 实践与诠释——从科学实践哲学的视角看［J］. 自然辩证法通讯，2019，41（9）：1–6.

等多因素在实验过程中密切纠缠，相互界定和牵制，共同生产科学事实。要走出逻各斯中心主义，西方心理学需要兼顾经验性和条件性的研究思维，追问人与社会的关联发生和演变，追溯现实根源。

（二）从逻辑主义到历史主义：西方心理学研究过程的遮蔽与去蔽

逻辑主义作为科学心理学诞生和发展的哲学基础，认为科学哲学的中心任务是清除研究中的语义和逻辑含混，测定理论的事实支持度。在逻辑实证主义视域下，每一门科学都被视为一个知识体系（即关于真的经验命题的体系）。全部科学（包括日常生活中的命题）都被纳入有关知识的体系范畴，而不再存在一个"哲学的"真理领域。波普尔否定该观点，认为理论与经验之间的逻辑关系并非肯定关系，而是否定关系。逻辑经验主义将科学进步描绘成套箱式的累积过程，而波普尔则将其视为不断"猜想与反驳"的过程。逻辑主义所理解的科学基本单元都是孤立的理论或命题，所有命题和推论都限定在知识论范畴内。相比之下，历史主义科学哲学家将其理解为理论系列，包括库恩的"范式"、拉卡托斯的"研究纲领"、劳丹的"研究传统"、费耶阿本德的"高层背景理论"等。

在逻辑主义指导下，西方心理学过分崇拜精巧设计和精细操作，而历史主义则更关注实验设计中的历史维度补偿。然而，历史主义科学哲学本质上仍是一种知识论，即波普尔所说的"没有认识主体的认识论"，更确切地说是一种扩大的知识论[①]。历史主义需要从内化实践转向思维，而实践哲学则突破了知识论框架，开始寻求根本性转变：拒绝关注单一的知识或对知识进行逻辑重建，转而聚焦知识创造本身，突破"没有认识主体的

---

① 孟建伟. 科学哲学的范式转变——科学文化哲学论纲［J］. 社会科学战线，2007，30（1）：13–21.

认识论",发现知识的主体性。知识本身是历史性演化的实体,不是观念的历史,而是历史本身和行动本身①。以"知识联合体"而言,知识的异质性是历史性和语境化的。历史性和语境化立足当下,蕴含着未来发展机遇②。西方心理学理论和研究的判定和发展标准在于语境和实践。在社会实践中,应当历史地、具体地、开放地和涉及终极关怀地看待西方心理学如何开展研究及如何评价研究。心理学不只是一种知识体系,更是一种活动体系,是确定和发现人性意义的历史实践③。

(三)从沉思世界到干预世界:西方心理学研究目的的时代关切

从应然层面来看,西方心理学的研究目的在于提高对人类心理和行为的理解和干预,为社会治理和人类福祉提供支持。但在实然层面,目前的西方心理学远未能达到这一期望,长期被诟病"失语于社会苦难和不公",对许多问题束手无策。主流的科学心理学无法涵盖全部的心理学领域,将无法回避但又难以研究的问题抛给常识心理学。面对日益严峻和复杂的局面,学界呼吁西方心理学家"应该走上街头,迅速解决最迫切的社会问题"。

造成"实然"与"应然"之间紧张关系的原因不难理解:实证主义立论、实验主义方法和个人主义立场构成了西方心理学的基本思维方式。采用肯定和理性的方式思考社会问题时,必然会产生一种保守态度,失去改革的勇气,固守社会现实和秩序。甚至,这种思维方式可能异化为对现有权力和体制的辩护和歌颂,被纳入意识形态范畴,以换取合法身份及经费

---

① 安德鲁·皮克林. 作为实践和文化的科学〔M〕. 柯文,伊梅,译. 北京:中国人民大学出版社,2006.

② Rouse J. How Scientific Practices Matter〔M〕. Chicago:University of Chicago Press,2002:180.

③ 叶浩生. 后经验主义时代的理论心理学〔J〕. 心理学报,2007,39(1):184-190.

支持①。

实践转向亦是西方心理学有效回应时代关切的可行性方案。在科学实践中，认知者不再是被动的观察者，而是能动的干预者。通过概念模式、实验仪器和意会技能介入世界，共同创造科学现象与理论。即使是科学实践得以真实发生的时空——实验室，也是一个社会聚集的过程，后人类主义称之为"实践唯物论"。

科学研究不止于在语言、理论或研究中表征世界，表征的最终目的是干预。其聚焦于科学与社会秩序的共同生产，直至运作出恰切的技术实践和社会系统。科学造福于人的前提是将科学置于社会语境之中，规划出科学的社会实践和效力。科学家通过干预性地介入世界，与世界形成互动，达到一种实践上的主客体重构。"工业的历史和工业的已经生成的对象性存在，是一本打开的关于人本质力量的书，是感性地摆在我们面前的心理学"②。西方心理学应当在实践基础上全面且细致地研究这本"书"，如果心理学还没有打开这本书，就不能成为内容丰富的和确实的科学。

二、西方心理学实践转向的进路

（一）生存实践：转向现实的西方心理学

每个时代都有其独特的成就与问题。存在于时代成就和问题中的哲学，需要深入研究、准确定位并全面回答时代之问。当前，人类面临一系列前所未有的生存问题。怀着对现实的深切关怀，现代哲学以实践为主题，探

---

① Billig M. Repopulating the depopulated pages of Social Psychology [J]. Theory & Psychology, 1994, 4（3）: 307-335.

② 卡尔·马克思. 1844年经济学哲学手稿 [M]. 中共中央马克思恩格斯列宁斯大林著作编译局，译. 北京：人民出版社，2018：85.

索世界意义和生存境遇。从生产实践出发，生存实践转向是实践转向的基础进路①。生存转向是对生存对象及其活动的反思，将生存作为分析事实，只有现实地理解人的生存，才能真实地理解人②。

相对于"传统知识论"，"生存论转向"将焦点从超验世界转向"感性世界"，从宇宙本体转向生存境遇，从"寻求最高原因"转向探究生存实践活动。具体而言：①前者认为人类本性是求知，后者追问求知动因；②前者认为求知是对外部世界的静观，后者追问求知动态过程；③前者认为求知要主客符合，后者追问知识本质及知识何以可能。早期生存哲学是个体自我的精神慰藉，当代生存论转向则更注重主体"向外翻转"的实践性③。生存转向完成了从超验的、抽象的实体存在论转向感性的、实践的生存论。同时，拒绝将实践视为一个形而上的课题，要落脚到实践的生存价值意义④。

生存实践转向深入影响了西方心理学的价值立场和研究关注，开始更为积极地研究有关社会生活质量、社会生态人文和社会美德等课题，更为主动应对当代人的生存处境，强调积极变革生存方式与生活方式的价值。尽管实验法依旧是西方心理学的主导叙事，但"假设—检验""实验室实验"科学范式时刻暴露其不足。

① 孙志海. 论实践就是人的现实生活：实践概念阐释模式的否定之否定［J］. 江苏社会科学，2014，35（2）：20-25.

② 陆杰荣. 从可能性维度解读"生存哲学"［J］. 华中科技大学学报（社会科学版），2003，17（4）：17-20.

③ 邹诗鹏. 马克思社会思想的三重内涵［J］. 南京大学学报（哲学·人文科学·社会科学），2020，57（1）：5-13，158.

④ 薛俊清. 从生存论的反思机制看马克思主义价值实践的"面相"［J］. 长白学刊，2010，26（2）：11-16.

生存实践转向在一定程度上矫正了主流实验心理学的偏隘：①反思实验心理学学科性质问题，心理学不能忽略活生生的"生存"，而降格为僵死的"实存"；②重新审视过往被西方心理学忽视的对象和范畴，尤其是边缘群体和特殊主体；③研究方法更为多元和宽容，逐步接纳后实验和后现代研究方法；④重新设定实验伦理标准，逐步将"是否具有社会关怀"纳入检验理论合格的标准，提高学科伦理品位。因为，生存实践意味着改造，即现实的改造。

（二）生活实践：转向感性的西方心理学

从感性实践出发，生活实践转向是实践转向的根本进路[①]。近代哲学认为知识高于生活，求知遗忘生活；现代哲学认为生活高于知识，知识以生活为根基。

（1）胡塞尔的"生活世界"：科学世界像一切其他目的世界一样"属于"生活世界，实际生活的世界包含有对世界进行经验实践和对世界进行理论实践的生活。

（2）维特根斯坦的"生活形式"：语言是一种活动的组成部分，或者是一种生活形式的组成部分。要理解语言，就要进入生活世界。

（3）海德格尔的"共在世界"：人在来到这个世界之时，处在与他人的"共在"中，在"日常共在世界"中接受未经审视的先入之见。

（4）马克思生活世界观：不同于胡塞尔的"生活世界"概念，马克思的生活世界是建立在实践或对象化活动的基础上，以物质生活为基础或前提的人的现实生活过程。马克思以实践连接主体与客体，回归感性生活

---

① 孙志海. 论实践就是人的现实生活：实践概念阐释模式的否定之否定 [J]. 江苏社会科学，2014，35（2）：20-25.

世界。

现代西方哲学对生活世界的普遍呼唤与集体回归，使得哲学的"人学"内蕴彰显出来。生活实践转向对西方心理学学科属性、对象和方法产生深远影响。

（1）助力回应"生活世界的贫苦化"的诘问，拓展西方心理学的研究对象和范畴。

（2）助力西方心理学的现象学道路，为直观事物本质提供还原和描述两种基本方法。

（3）助力西方心理学的现象学道路，为超个人主义心理学提供理论基础。

（4）助力西方心理学的语言转向，关注心理学符号表达，即从科学实质求证转向心理学哲学的语法考察。

（5）助力拓展西方心理学研究评价边界，学科理性标准来源于生活实践，并在实践中得到发展。

（6）助力"理性重定向"。全部社会生活本质上是实践的。凡是把理论引向神秘主义的神秘东西，都能在人的实践中及对这种实践的理解中得到合理解决[①]。

（三）生命实践：转向创生的西方心理学

生存是人的最基础的存在，从根底上制约着其他实践形态。生活是人的自觉的生命性能，成为人类存在活动的主导方式。生命实践开启人的终

---

① 陆杰荣. 从可能性维度解读"生存哲学"［J］. 华中科技大学学报（社会科学版），2003，17（4）：17–20.

极关怀之维，生命实践转向是实践转向的超越进路^①。哲学是时代精神的精华。生命实践转向尝试回应当代人的生命问题。其中，探究生命哲学包括以下五方面。

（1）以叔本华、尼采、克尔凯戈尔和海德格尔为代表的非理性主义生命哲学，探究生命的非理论性维度。

（2）以柏格森为代表的生物学倾向的生命哲学，探究生命的运动变化和整体联系现象。

（3）以狄尔泰和齐美尔为代表的历史文化倾向的生命哲学，探究生命的历史文化维度。

（4）马克思的"实践生成论的生命理解范式"，即生命既存在着批判、创造的辩证本性，还具有自我创造、自我生成的实践本质。

（5）西方马克思主义对马克思"实践人学"的研究，例如葛兰西关于"实践是人的本质规定性"，列斐伏尔关于"人的总体性生存"。

生命实践转向对西方心理学学科属性、对象和方法产生了深远影响，主要包括以下六个方面。

（1）关于生命心理学的构建与研究，尝试以生命心理学重新定位心理学发展理念和框架^②。

（2）拓展西方心理学研究范畴，例如生命意义心理学、生命史理论研究等。

（3）进一步丰富西方心理学一些研究主题的视域，例如从生命价值

---

① 薛俊清. 从生存论的反思机制看马克思主义价值实践的"面相" ［J］. 长白学刊，2010，26（2）：11-16.

② 中共中央马克思恩格斯列宁斯大林著作编译局. 马克思恩格斯选集（第1卷）［M］. 北京：人民出版社，2012：56.

角度探究积极心理学，丰富超个人主义心理学内涵等。

（4）进一步丰富西方心理学的学科属性，例如西方心理学的非理性维度、历史文化维度、批判和创新维度等。

（5）提升西方心理学的学科品位，例如西方心理学与生命教育的关联，生命主体化治理等。

（6）以生命主题，搭建与其他学科的融合，如以生命实践教育与教育学相勾连、以生命实践叙述与文学艺术相勾连、以生命主体化治理与政治治理相勾连[①]等。

三、西方心理学实践转向的诘问

（一）反本质问题

本质主义秉持本体论上的形而上学、认识论上的基础主义以及方法论上的科学主义。无论是笛卡尔借助上帝的绝对理性确保物质实体和精神实体的实在性和分立性，还是黑格尔关于感性世界运动本质是绝对精神的自我运动，都坚持这一预设。在本质主义认识论的路径下，西方心理学的研究对象、任务和方法，都原初地定型为以科学方法寻求一般性和本质性规律。意识本质论成为科学心理学的认知隐喻。李贝特的半秒钟延迟实验开启了对意识本质的科学探索，成为反本质主义意识论的科学范型。本质主义意向解释只不过是伴随着脑神经活动的解释学虚构，旨在营造一种误以为人类理性是行动自主、能因果地改变物质的幻象[②]。

---

① 师领. 生命心理学研究论纲——兼论西方心理学的困境及其可能出路［J］. 武汉大学学报（人文科学版），2014，67（3）：48-53.

② Wegner M. The mind's best trick：how we experience conscious will［J］. Trends in Cognitive Sciences，2003，7（2）：65-69.

实践转向诸路径普遍有反本质倾向。

（1）海德格尔用"诗意的栖居"来寻找人的存在，而不是追问抽象的人的本质存在。

（2）维特根斯坦用"家族相似"颠覆形而上学假象，认为存在的只有社会实践的主体间性和语言活动的文本际性，所能做的只是坚持倾听和继续谈话，而"关于事实、真理、正确性、有效性、明晰性的问题既无法提出也无法回答"。

（3）索绪尔用"能指"和"所指"解构文本意义。

（4）马克思否定一切形式的抽象，肯定一种生动活泼的人生状态和世界图景。

实践转向激发出一系列本质主义和反本质之间的紧张问题，进一步激化了西方心理学一系列悬而未决的基本问题。

（1）本质主义意识论与自由意志的悖论。本质主义将有意识的社会心理诉诸行为主义、同一论、功能主义、取消主义和其他形式的自然主义予以理解。自然主义因为强调意识依赖的低阶实在性，如物理的、生理的、行为的，而否定意识发挥因果作用的可能性。

（2）反本质主义思维方式和本质主义价值主张的悖论。不否定一切本质，本质主义理论就不能彻底。如果本质主义彻底，其理论就成了新的本质主义。

（3）本质主义和反本质主义的两歧性。实践转向试图突破人性本质主义所忽略的现实社会关系或经济关系的意义。如果社会关系或经济关系的重要性被强调过头，成为凌驾人性其他属性的本质属性，就会重新回到本质主义的老路上去。

（4）本质主义的实践困境。意识本质主义的不彻底性，使其在反对本质主义过程中打起退堂鼓。权宜之计，不将实践规范看成是永恒和绝对原则，而是交往活动中形成的历史性和相对性的原则。

西方心理实践失去特殊性，导致无法回应以上四点诘问。

（二）反身性问题

哲学的实践转向和西方心理学的实践转向关涉到反身性问题，具体包含两层意义。

（1）自我反驳问题。西方心理学理论和研究传统建立于认知沉思传统，强调理论至上原则。实践转向质疑沉思传统，具有强烈的反理论倾向，认为理论形式化和体系化不足以说明实践流动性和复杂性。悖谬的是，实践转向要变革式表达自身，逻辑上站稳脚，必须借助于理论形式和完备体系。

（2）实践悖论问题。反表象主义的、介入性的和彻底建构论的知识观念如何适用于科学研究本身？人们并不处于其活动处境的对立面，因而就无从对处境有完全对象化的客观性认识。为避开这个悖论，或许应该认为实践研究者本人是实践过程的参与者，研究活动与研究对象并不存在严格的边界。因此，对实践的研究本身就隶属于实践范畴。如此一来，任何企图超越实践的元立场和"上帝之眼"将丧失根据。

在认识论哲学路径下，西方心理学基本的研究任务、对象、结构和方法就原初地定型。自然科学取向的心理学企图通过一系列的规则保障自身的反身性无涉。事实上，主流科学心理学被质疑的支点正是反身性问题，即知识是无法超越特定情境下的文化、社会及历史背景的，因而不具有绝对意义上的知识合法性与合理性。这是西方心理学实践转向的哲学前提之一。

然而，西方心理学实践转向仍激发出反身性问题，原因在于预设社会实践的主体间性和语言活动的文本际性的心理学仍无法完成反身性的反向回路。对此，学界也有舒缓之策。

（1）以方法论诠释学主张的整体和部分、语境与文本之间的"诠释学循环"，达成某种普遍性的理解。

（2）心理科学知识是行为者与环境相互建构的产物，在"反思"中动态建构，在多元标准中反复建构。

（3）不再偏执于假定的"最终实在"作为心理学思考和评价的基点，更为宽容地接纳所谓边缘的研究对象、另类的研究方法以及特异的研究主题。

（三）反心理主义问题

心理主义与反心理主义争论是哲学和逻辑学的热点议题之一，该争论是现代哲学发展的重要分水岭。心理主义泛指能把观念还原为心理生理过程并加以自然科学式处理的信念和原则。以"心理主义"立论的心理学有：①以穆勒和赫姆霍兹为代表的"生理的心理主义"；②以冯特和铁钦纳为代表的"实验的心理主义"；③以孔德和斯宾塞为代表的"社会学的心理主义"；④主要由皮亚杰启动的"认知科学的心理主义"。

科学心理学的兴起和发展与"逻辑心理主义"密切相关，同时也受到心理学的启发和支持。心理主义继续思考身心二元问题，提出诸多解答思路，如类型统一论、功能主义、行为主义、因果作用同一论、伴随性物理主义、构成性物理主义、常识心理学、反个体论和模拟论[①]。其中，类型同一论和功能主义影响最甚，是信息加工心理学和认知神经科学发展的科学哲学

---

① 江怡. 当代西方数学哲学中的实在论与反实在论［J］. 浙江学刊，2004，27（2）：74–81.

基础。

心理学追逐的"绝然明见的、超经验的、绝对精确的规律",依赖逻辑学来保证。实际上,心理主义哲学错置逻辑学和心理学的"现实性"(即将逻辑学的现实性等同心理学的现实性),将心理学的现实性等同经验主义和可被感知性[①]。补偿或者修补该理论缺陷的实践转向蕴含着显著的反心理主义倾向。

(1)胡塞尔从理性和实践的差异出发,认为心理主义错误在于片面或绝对化认识论地位。海德格尔认为,心理主义导致逻辑学现实性和心理学现实性产生严重分歧。

(2)后期维特根斯坦认为,将"名称—对象"模型用于解释心理现象,造成哲学上更多混乱和困惑,要以回归生活之流的语言实践揭示心理学概念的语法。

反心理主义在本质上是先验论哲学的继续。西方心理学实践转向激发的反心理主义问题在于冲击科学心理学是一门经验科学的观念,提出逻辑和经验的不确定性,主张多途径加以破解。

四、小结与展望

每个时代总有它的成就,也有属于它自己的问题。存在于时代成就和问题中的哲学,需要予以准确定位和回答时代之问。时代之问转化,哲学主题随之转化,包括心理学在内诸多学科也相应调整,甚至变革。

传统语境下,我们以去历史化方式理解和尊重科学,把科学变成"木乃伊"。"木乃伊科学"与真实科学的冲突是导致当代科学发生"理性危机"

---

① 霍涌泉,吴晶,马明明,等. 历史上的反心理主义浪潮及当前"心理主义"回归[J]. 心理学探新,2015,35(6):483–487.

的根源之一。分裂规则与实践的内在统一性，认识论无法兑现未来。

实践转向意图弥合鸿沟，寻求一个答案。马克思主义传统、海德格尔传统和维特根斯坦后期语言实践，都不同程度地体现了实践哲学的特征，表征后形而上学时代的精神气质。生存、生活和生命表征的实践转向，亦表征时代的世俗性、创造性、可能性和主体性特征。没有"实践性"思维，没有走出认识论哲学路径的基本原则和框架，即便研究"实践"和"当代"，也不是后形而上学意义上的实践哲学。

"变"有三个级度：十年期的时尚之变，百年期的渐进之变，第三种变化不基于时间，却动摇乃至颠覆最坚实和最核心的信念和规范，以无可遏制的创新冲动奔向当代。以此关照，西方心理学实践转向属于第三种，标志着西方心理学向着纵深的方向发展。

西方心理学的实践转向，又有不同的维度，主要包括三点。

（1）转向生存实践的西方心理学强调个人行动者参与到世界之中，并通过现实的活动（实践）来定义主体性、塑造现实。

（2）转向生活实践的西方心理学认为人与世界的关系不是由意识来中介的，应还原社会和人的日常生活本质。

（3）转向生命实践的西方心理学强调主体的未来和能动性的展开，要摆脱实践主体不能实践的尴尬。

同时，实践理论的研究对象是实践，那么根据实践的特性，其允许被理论化吗？反本质、反身性和反心理主义等问题也层出不穷，这是实践转向和西方心理学实践转向要面对的诘难。

西方心理学的实践转向意味着研究思维的转换，使心理学研究的任务、对象、方法论、理论框架与呈现方式、科学判定标准等均会发生一定的变化。面对理论困境，要"澄清前提，划定界限"，澄清理论和方法成立的前提、划定理论和方法有效的界限在哪里，还需我们不断探索。

第九章　文化转向与文化运动心理学理论和研究的深入发展

　　运动心理学追求文化品性属于应然范畴。回顾相关文献，显然运动心理学对文化品性的关注不尽如人意。Duda 和 Allison 分析了 1979—1987 年发表在《运动心理学杂志》上的所有文章，发现仅有 3.8% 的实证论文标注了被试的文化背景，且没有任何文章将文化纳入研究的理论框架内 [1]。Ram、Starek 和 Johnson 对 1987—2000 年发表在《运动心理学家》《应用运动心理学杂志》和《运动与锻炼心理学杂志》三本期刊上的论文进行内容分析，发现仅有 11.5% 的文章标注了被试的文化背景，其中 1.5% 的作者将文化纳入研究的理论框架内 [2]。Peters 和 Williams 继续对这三本杂志 2001—2006 年的文章进行分析，发现仅有 4.6% 的作

---

[1]　Duda L，Allison T．Cross-cultural analysis in exercise and sport psychology：A void in the field ［J］．Journal of Sport and Exercise Psychology，1990，12（2）：114-131.

[2]　Ram N，Starek J，Johnson J．Race，ethnicity，and sexual orientation：still a void in sport and exercise psycho-logy? ［J］．Journal of Sport and Exercise Psychology，2004，26（2）：250-268.

者考虑到了文化背景这一重要的理论因素[①]。虽然 1979—2006 年运动心理学对文化品性的关注明显增多，但是整体对文化的关注并未形成气候[②]。

随着社会的进步与研究的深入，人们已愈加认识到过往研究范式的局限[③]。运动心理学在质疑声中开始了新的探索。Ryba 系统总结了运动心理学对文化的现有研究，并称之为"作为文化实践的运动心理学"[④]。近几年，Schinke、Hanrahan 和 Catina 才明确提出文化运动心理学（Cultural Sport Psychology，CSP）的概念[⑤]。那么，文化运动心理学的逻辑起点是什么？目前存在哪些研究视角和思路？文化转向下，产生了哪些实证研究？本章将围绕这些问题展开讨论。

一、文化运动心理学的逻辑起点

（一）文化运动心理学兴起的背景

文化运动心理学的兴起有着广阔而深刻的社会、文化和哲学背景。在

---

① Peters J, Williams M. Moving cultural back-ground to the foreground: an investigation of self-talk, performance, and persistence following feedback [J]. Journal of Applied Sport Psychology, 2006, 18（3）: 240-253.

② 姒刚彦. 体育运动心理学的本土化研究与跨文化研究 [J]. 体育科学, 2000, 20（3）: 74-78.

③ 王进. 国际视野下的中国运动心理学研究考量 [J]. 体育科学, 2010, 30（10）: 52-61.

④ Ryba T V. Sport Psychology as Cultural Praxis: Future Trajectories and Current Possibilities [J]. Athletic Insight, 2005, 7（3）: 14-22.

⑤ Schinke J, Hanrahan J, Catina P. Introduction to cultural sport psychology [M] //Schinke J, Hanrahan J（Eds.）. Cultural sport psychology. Champaign, IL: Human Kinetics, 2008: 1-10.

社会层面上，全球化的人口迁移使文化交流扩大和加深。运动员、教练员、管理人员和研究人员跨国交流日趋频繁，文化异质性凸显 [①]。在哲学层面，20 世纪 80 年代，世界哲学的重心从科学哲学转向文化哲学。文化转向改变了原有科学哲学的主题和观点，实现了研究重点和方法的变换。转向引导运动心理学审视文化与心理的关系 [②]。后现代主义否认科学观和认识论的普适性，倡导多元化理念。

（二）文化运动心理学兴起的意义

只有将种族、习俗和语言等因素综合考虑到运动心理学研究中，才能真正意义上推进运动心理学发展 [③]。Hofstede 曾断言，很多原以为具有普适意义的研究都有可能与文化密切联系 [④]。Cheung 和 Leung 甚至认为，即使那些确实具有普适性的理论也会受到文化影响 [⑤]。缺乏文化视野的运动心理学理论和研究不仅容易低估少数群体的经验，而且容易产生带有偏见的理论 [⑥]。

---

① Ryba V. Culture in Sport Psychology：Whose Culture is it anyway？［J］. Athletic Insight，2009（3）：1–6.

② 麻彦坤. 当代心理学文化转向的方法论意义［J］. 心理学探新，2004，24（2）：3–6.

③ Gill L. Gender and cultural diversity across the life span［M］//Weiss M R（Eds.）. Developmental sport and exercise psychology：a lifespan perspective，Morgantown. WV：Fitness In formation Technology，2004：475–501.

④ Hofstede H. Culture's consequences，international differences in work related values［M］. Beverly Hills，CA：Sage，1980.

⑤ Cheung M，Leung K. Indigenous personality measures：Chinese examples［J］. Journal of Cross–cultural Psychology，1998，29（1）：233–248.

⑥ Duda L，Allison T. Cross–cultural analysis in exercise and sport psychology：A void in the field［J］. Journal of Sport and Exercise Psychology，1990，12（2）：114–131.

对于运动心理学的执业人员，多文化训练仍不可或缺。Sue 认为运动心理咨询工作者只有具备了文化意识、文化知识和文化技巧才能称之为称职①。执业人员如果缺乏多文化训练，第一阶段的咨询过后，少数族群咨客退出咨询的比例要高出多数族群咨客的 25% ～ 43%②。

二、文化运动心理学：作为一种新的研究思路

文化运动心理学对传统运动心理学的突破与发展主要体现在研究思路上，因此它首先是一种方法或方法论。具体包括以下两层含义：

（一）以文化语境为出发点和归宿

为追随主流心理学，运动心理学控制干扰条件，一味追求研究的可控性、客观性和可重复性。其结果损害了研究的信度、效度，尤其是生态效度③。

文化运动心理学认为人的心理植根于不同的文化土壤，所以研究应在现实的文化语境中进行。文化运动心理学以一种批判的姿态，不仅考虑到文化对运动心理和行为的影响，还认为二者是相互建构的关系。不仅意识到不同研究范式在存在论、认识论、方法论和价值观的预设，还要破解权力、话语对心理行为的构建④。

---

① Sue S. Cultural competence: from philosophy to research and practice [J]. Journal of Community Psychology, 2006, 34 (2): 237–245.

② Rudolfa E, Rappaport R, Lee V. Variable related to premature termination in a university counseling service [J]. Journal of Counseling Psychology, 1983, 30 (1): 87–90.

③ Gill L. Gender and cultural diversity [M]//Gershon T, Eklund R C (Eds.). Handbook of Sport Psychology (third edition). Hoboken, NJ: Wiley, 2007: 824–844.

④ Fisher A, Butryn T, Roper A. Diversifying (and politicizing) sport psychology through cultural studies: A promising perspective [J]. The Sport Psychologist, 2003, 17 (4): 391–405.

（二）以文化特殊性方式为主要研究范式

目前以文化视角发展心理理论的方法有三种：文化共通性方式（Etic）、文化特殊性方式（Emic）和兼顾文化共通性和特殊性方式（Combined Etic-Emic）①。文化共通性方式强调文化的普适性，认为植根于西方的理论和方法具有可概括性。文化特殊性方式则强调文化的独特性，认为心理学理论和研究要申明背后的文化特殊性。兼顾文化共通性和特殊性方式融合了两个范式，目的在于获得一个更丰富、更综合和更平衡的理论和构建②。运动文化心理学综合采用后两种研究范式，以文化特殊性方式为主。

三、文化运动心理学的研究视角

（一）以文化投射为视角研究运动心理学

这是一种传统的常规思维，主要包括跨文化研究与本土化研究。跨文化心理学是对不同文化和种族群体中个体心理机能异同的研究。通过将文化作为一个独立变量，发现不能简单地将在某一文化背景下获得的结论推广到其他文化背景中去。例如，成就动机、自我效能、归因等都受到文化背景的影响③④。

① Bala M，Chalil R B．Gupta A．Emic and Etic：Different Lenses for Research in Culture，Unique Features of Culture in Indian Context［J］．Management and Labour Studies，2012，37（1）：45-60．

② Cheung M，Van de Vijver J，Leong F．Toward a new approach to the study of personality in culture［J］．American Psychologist，2011，66（7）：593-603．

③ Young A，Johnson G，Arthur H，et al．Cultural and Socioeconomic Differences in Academic Motivation and Achievement：A Self-Deterministic Approach［J］．Journal of Border Educational Research，2011（1）：37-46．

④ 黄慧莹．法国旅居者在沪的跨文化适应——质和量的研究［D］．上海：华东师范大学，2010．

除去跨文化的比较，还需要大力推进运动心理学本土化运动。但是运动心理学缺乏本土的厚实基础，难以一步跨越西方文化直接奔向高度的本土性契合①。因此，要对运动心理学如何完成本土性契合做专门研究。近年来，国内已有学者开始了破冰式的理论探讨②③。

（二）以文化建构为视角研究运动心理学

相比第一种视角，以文化建构为视角研究运动心理学显得新颖和艰涩。但是，其实质是复演"外源论—内成论"的分歧。当然，"文化建构"不是对"文化投射"的简单否定，而是对后者的超越④。在文化建构思想看来，心理学将"不再尝试探索支配人类思想和行为的规律，而是转向研究用以建构世界和建构我们自己的话语实践"⑤。

Sue 指出白人中心主义和种族中心主义不仅存在于社会中，还存在于心理学中。特权人群难以意识到实际发生作用的权力关系。因此，心理学要将这些隐性的权力关系显性化⑥。例如，以往在男性优势预设下构建出的对女性运动员的心理与行为规律被女性主义研究颠覆。Brenda

①　姒刚彦. 体育运动心理学的本土化研究与跨文化研究［J］. 体育科学，2000，20（3）：74–78.

②　姒刚彦，蒋小波. 望闻问切——中国运动员心理训练的社会——文化脉络初探［J］. 天津体育学院学报，2011，26（3）：191–195.

③　张凯，张力为. 道与术：中国文化对运动员心理咨询与心理训练的启示［J］. 天津体育学院学报，2011，26（3）：196–199.

④　杨莉萍. 从跨文化心理学到文化建构主义心理学——心理学中文化意识的衍变［J］. 心理科学进展，2003，21（2）：220–226.

⑤　杨莉萍，Kenneth J. Gergen. 社会建构论心理学及其发展：对话科尼斯·格根［J］. 教育研究与实验，2012，31（4）：77–83.

⑥　Sue D W. Whiteness and ethnocentric monoculturalism：making the "invisible" visible［J］. American Psychologist，2004，59（8）：761–769.

就从性别文化和种族文化的视角重新构建了关于性别、道德与体育的关系①。

除了理论和研究被文化建构，甚至整个学科框架和边界也被文化或者是学术话语所建构。Fisher、Butryn 和 Roper 认为运动心理学也要做去殖民化反思：①运动心理学包含的是什么形式的知识？②这些知识背后包含的政治含义是什么？③如何通过文化研究解构这种话语系统？②

四、文化运动心理学的实证研究

在 Duda 和 Allison 发表题为《运动与锻炼心理学中的跨文化分析——一个真空地带》之前，这方面的实证研究几乎是空白。直到最近几年，才出现一些实证研究。

（一）文化运动心理学对自我的研究

自我是整个心理活动的组织者，为个体的存在提供方向和意义。文化运动心理学对自我的研究主要体现在两个方面：①对非主流运动员自我（尤其是社会同一性）的研究；②以文化建构视角研究自我。

1. 对非主流运动员自我的研究

主流运动员群体的关键词是欧美、白人和男性。非主流运动员是个相对概念，属于话语弱势群体。包括某些发展中国家运动员、发达国家中少

---

① Brenda L. "And ain't I a woman?"：Toward a multicultural approach to gender and morality ［J］. Quest，1992，44（2）：179-209.

② Fisher A，Butryn T，Roper A. Diversifying（and politicizing）sport psychology through cultural studies：A promising perspective ［J］. The Sport Psychologist，2003，17（4）：391-405.

数派运动员以及残疾人运动员 ①。这些非主流运动员群体也有各自的显著特征：①加拿大土著运动员的社区意识非常强烈 ②；②美国的非洲裔运动员将体育（尤其是篮球和足球）作为摆脱社会经济剥夺的途径，他们倚重亲情关系和家庭伦理 ③；③巴西运动员热情奔放，幽默风趣，倾向抵制坏脾气的教练 ④；④残疾人运动员的认知焦虑与一般运动员相比没有显著性差异，但躯体焦虑较高 ⑤。

2. 以文化建构的视角研究自我

传统运动心理学研究自我的视角有以下三点预设：①自我的结构是多维的、内在的和稳定的；②运动员同一性会迁移到其他情境中去；③同一性的增强或者降低（直至出现危机）会对情绪和行为产生重要影响。而文化运动心理学采用文化建构视角反思自我的定义以及干预手段的选择，并构建背后的权力关系。例如，研究运动员生涯变迁对同一性影响。传统运动心理学采用现代思维，关注的是运动员同一性与生涯变迁的相互作用过程和机制。而文化运动心理学则会分析运动员生涯变迁背后的话语权力。

---

① Gill L, Kamphoff S. Cultural diversity in applied sport psychology ［M］//Schinke R J & Hanrahan S J（Eds.）. Cultural sport psychology. Champaign, I L: Human Kinetics, 2008: 45-56.

② Schinke J, Michel G, Gauthier A, et al. Adaptation to the main stream in elite sport: a Canadian aboriginal perspective ［J］. Sport Psychologist, 2006, 20（4）: 435-448.

③ Lee C, Bailey E. Counseling African American male youth and men ［M］//Lee C C（Eds.）. Multicultural issues in counseling: new approaches to diversity. Alexandria, VA: American Counseling Association, 1997: 123-170.

④ Moraes C, Salmela H. Working with Brazilean athletes ［M］//Schinke R J, Hanrahan S J （Eds.）. Cultural sport psychology. Champaign, I L: Human Kinetics, 2008: 117-124.

⑤ 漆昌柱，金梅. 残疾人运动员的特质焦虑与竞赛状态焦虑研究［J］. 体育科学，2005, 25（3）: 16-18.

例如，由谁决定运动员的生涯变化，话语权是如何产生和保持的，同一性在关系博弈当中如何表达①。

体育社会学的一些研究者也对这个问题表现出兴趣。例如，Ward 用后现代理论质疑自我同一性的外部形成机制②。Markula 采用福柯的自我技术理论分析了女性主义体育研究的身体自我、权力与伦理的关系③。

（二）文化运动心理学对动机的研究

文化运动心理学在动机领域的实证研究主要集中在三个方面：归因理论、目标定向理论和体育锻炼动机④。

1.归因理论

文化运动心理学对归因理论的研究主要体现在对特定文化中运动员归因的群体差异上。如巴西运动员认为决定运动胜负的是上帝；印度运动员将成功归因于慈悲⑤。Bond 很早就指出在个人主义文化背景下发展出来的归因模式可能并不适用于强调人际和谐的东方文化⑥。

---

① Fisher A，Roper A，Butryn T M. Engaging cultural studies and traditional sport psychology ［M］//Schinke J，Hanrahan J（Eds.）. Cultural sport psychology. Champaign，I L：Human Kinetics，2008：23–31.

② Ward G. Postmodernism，Blacklick［M］. OH：Mc Graw Hill，1997：137–140.

③ Markula P. The technologies of theself：sport，feminism and Foucault［J］. Sociology of Sport Journal，2003，20（2）：87–107.

④ Moraes C，Salmela H. Working with Brazilean athletes［M］//Schinke R J，Hanrahan S J（Eds.）. Cultural sport psychology. Champaign，I L：Human Kinetics，2008：117–124.

⑤ Miller G. Culture and the development of everyday social explanation［J］. Journal of Personality and Social Psychology，1984，46（5）：961–978.

⑥ Bond H. A proposal for cross–cultural studies of attribution processes［M］//Hewstone M H（Eds.）. Attrib–ution theory：Social and applied extensions. Oxford：Basil Blackwell，1983：144–157.

2. 目标定向理论

目标定向理论认为目标定向具有人格化的跨时间稳定性和跨情境一致性。但文化运动心理学从跨文化角度质疑这一结论，因为运动员对成就的定义受到文化影响。如在集体主义主导环境下，个人要在集体利益前发扬风格[①]。但是，非裔美国人受到非洲传统和欧美思潮的双重影响，表现出个人主义和社区主义的复杂特征[②]。

3. 体育锻炼动机

Hayashi 和 Weiss 认为体育锻炼动机受到文化影响[③]。Yan 和 McCullagh 比较了中国大陆年轻人、出生在大陆的华裔美国年轻人和出生在美国的华裔美国年轻人三个人群的体育锻炼动机，发现后两个人群的体育锻炼是为了参与竞争和改善技能；而大陆的年轻人参与体育是为了身体健康和社交。大陆的年轻人参加体育锻炼需要更多的外在动机[④]。Guest 比较了美国和非洲马拉维共和国男性足球运动员的运动动机，发现美国球员将竞技理解为一种竞争场所、表达方式和自我提高的机会，而马拉维球员则将竞技当作

---

① Schinke R J, Eys MA, Michel G, et al. Cultural social support for Canadian aboriginal elite athletes during their sport development [J] . International Journal of Sport Psychology, 2006, 37 （4）: 330-348.

② Gano-Overway A, Duda J L. Interrelation ships between expressive individualism and other achievement goal orientations among African and European American athletes [J] . Journal of Black Psychology, 1999, 25（4）: 544-563.

③ Hayashi T, Weiss M R. Across-cultural analysis of achievement motivation in Anglo-American and Japanese marathon runners [J] . International Journal of Sport Psychology, 1994, 25（2）: 187-202.

④ Yan H, McCullagh P. Cultural in fluence on youth's motivation of participation in physical activity [J] . Journal of Sport Behavior, 2004, 27（4）: 378-390.

休闲和自我展示的场所①。造成这些差异的原因是复杂的，但社会文化因素可能是最重要的原因。

（三）应用运动心理学的文化胜任

应用运动心理学的文化胜任指运动心理学相关从业人员能够知觉和关注其他文化，并能与之有效沟通和工作②。Martens 认为应用运动心理学领域的文化异质性要比研究领域生动和具体得多③。

在关系建立阶段，集体主义文化下的运动员往往很难自我开放，不情愿对外表达焦虑和弱点。拉美的男性运动员面对女性执业人员时，很容易流露出大男子主义④。

在咨询过程中，还要考察干预手段背后的文化异质性。日本运动员采取自我批评定向，接受被直接指出缺点而获得成长；加拿大运动员是自我增强定向，倾向于被正面引导⑤。

鉴于异质文化的普遍性，运动心理学家开始投身研究文化敏感性策略（又称多文化胜任策略）⑥。代表人物有 Hanrahan、Kontos、Arguello、

① Guest M. Cultural meanings and motivations for sport: a comparative case study of soccer teams in the United States and Malawi［J］. Athletic Insight, 2007, 9（1）: 1–18.

② Sue S. In search of cultural competence in Psychotherapy and Counseling［J］. American Psychologist, 1998, 53（4）: 440–448.

③ Martens P, Mobley M, Zizzi S J. Multicultural training in applied sport psychology［J］. Sport Psychologist, 2000, 14（1）: 81–97.

④ Kontos P, Arguello E. Sport Psychology consulting with Latin American athletes［J］. Athletic Insight, 2005, 7（3）: 36–49.

⑤ Kontos P, BrelandNoble M. Racial/ethnic diversity in applied sport psychology: A multicultural introduction to working with athletes of color［J］. The Sport Psychologist, 2002, 16（3）: 296–315.

⑥ Schinke J, Hanrahan J, Eys A, et al. The development of cross–cultural relations with a Canadian Aboriginal community through sport research［J］. Quest, 2008, 60（3）: 357–369.

Schinke、Sue 和 Ryba 等。

五、小结与评价

将运动心理学的研究理论、方法、应用以及研究者放置于历史、社会和文化的视野中，是运动心理学的不二选择和必然趋势。文化运动心理学作为一种思潮有着悠久的过去和短暂的历史。本章对文化运动心理学进行了逐层分析，虽未面面俱到，但仍可从中概括出文化运动心理学几点积极意义和局限。

积极意义首先表现在为传统运动心理学存在的问题打开一扇解决之门。文化运动心理学批判传统运动心理学存在的主客二分思维、"经验—理性"理论模式、本体论和普适价值等，具有特异价值与意义。其次，扩大运动心理学的研究视野，将世界范围内的研究成果进行比较和整合，为运动心理学在东西方、发达与落后和主流与边缘间架起一座桥梁。最后，突出运动心理学文化生态效度，使运动心理学更加切合社会实际，促进运动心理学的应用。

当然，局限也很明显，具体表现在以下四个方面。

（1）一些基本概念仍不清晰。例如文化运动心理学如何界定？

（2）理论和研究不够系统化。类似研究假设、研究方法的选取和理论框架等事关本土契合性的关键问题都停留在思考层面。

（3）人类的运动规律既有差异性，也有共性。如果放大相对主义立场，可能会导致运动心理学走向虚无主义。

（4）文化运动心理学中文化建构思维对人们根深蒂固的思想和行为方式是一种挑战，因此至少短期内还难以得到学界普遍认同。

参考文献

［1］Ahmad S, Li K, Li Y, et al. Formulation of Cognitive Skills: A the-
oretical model based on psychological and neurosciences studies［C］//
2017 IEEE 16th International Conference on Cognitive Informatics & Cog-
nitive Computing（ICCI* CC）. IEEE, 2017: 167–174.

［2］Antaki C, Condor S, Levine M. Social identities in talk: Speakers'own
orientations［J］. British Journal of Social Psychology, 1996, 35
（4）: 473–492.

［3］Armistead N. Reconstructing social psychology［M］. Penguin Books,
1974.

［4］Bakhtin M. Speech genres and other late essays［M］. Austin: Univer-
sity of Texas Press, 1986.

［5］Bala M, Chalil R B. Gupta A. Emic and Etic: Different Lenses for Re-
search in Culture, Unique Features of Culture in Indian Context［J］.
Management and Labour Studies, 2012, 37（1）: 45–60.

［6］Balbus I, Hinchman S. Marxism and domination: A Neo-Hegelian, feminist, psychoanalytic theory of sexual, political, and technological liberation［J］. Contemporary Sociology, 2014, 13（2）: 228.

［7］Bauman Z. Intimations of post-modernity［M］. New York: Routledge, 1992.

［8］Billig M. Arguing and thinking: A rhetorical approach to social psychology（2nd ed.）［M］. Cambridge University Press, 1989.

［9］Billig M. Repopulating the depopulated pages of Social Psychology［J］. Theory & Psychology, 1994, 4（3）: 307-335.

［10］Billig M. Social representation, objectification and anchoring: A rhetorical analysis［J］. Social Behavior, 1988, 3（1）: 1-16.

［11］Billig M. Whose terms? Whose ordinariness? Rhetoric and ideology in conversation analysis［J］. Discourse and Society, 1999, 10（4）: 543-558.

［12］Bond H. A proposal for cross-cultural studies of attribution processes［M］//Hewstone M H（Eds.）. Attrib-ution theory: Social and applied extensions. Oxford: Basil Blackwell, 1983.

［13］Brannigan A. The postmodern experiment: science and ontology in experimental social Psychology［J］. The British Journal of Sociology, 1997, 48（4）: 594-610.

［14］Brenda L. "And ain't I a woman?": Toward a multicultural approach to gender and morality［J］. Quest, 1992, 44（2）: 179-209.

［15］Brewin R, Antaki C. An analysis of ordinary explanations in clinical attribution research［J］. Journal of Social & Clinical Psychology,

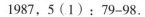

1987, 5（1）：79-98.

［16］Brown H. New roles for rhetoric: from academic critique to civic affir-
mation［J］. Argumentation, 1997, 11（1）：9-22.

［17］Bullock E, Limbert M. Scaling the socioeconomic ladder: Low income
women's perceptions of class status and opportunity［J］. Journal of So-
cial Issues, 2003, 59（4）：693-709.

［18］Burghart R. Readings in rhetorical criticism［M］. Strata Publishing,
Inc, 2010.

［19］Burks M. Rhetoric Philosophy and Literature: An exploration［J］.
Journal of Aesthetics & Art Criticism, 1979, 37（4）：507.

［20］Buss A R. The structure of Psychological revolutions［J］. Journal of
the History of Behavioral Science, 1978, 14（1）：57-64.

［21］Cheung M, Leung K. Indigenous personality measures: Chinese exam-
ples［J］. Journal of Cross-cultural Psychology, 1998, 29（1）：
233-248.

［22］Cheung M, Van de Vijver J, Leong F. Toward a new approach to the
study of personality in culture［J］. American Psychologist, 2011, 66
（7）：593-603.

［23］Coward R. This novel changes lives: Are women's novels feminist
novels? A response to Rebecca O'Rourke's article "summer reading"
［J］. Feminist Review, 1980, 5（5）：53-64.

［24］Cullen T, Pretes M. The meaning of marginality: interpretations and
perceptions in social science［J］. Social Science Journal, 2000, 37
（2）：215-229.

［25］Cutlip M，Emeritus D．Rhetorical and critical approaches to public rela-
tions［J］．Public Relations Review，1993，19（1）：97-98．

［26］Denis B．（Post?）Deconstructuralism：a last word［J］．Journal of
the Australasian Universities Language &Literature Association，2014，
62（1）：26-235．

［27］Deutsch H．Some psychoanalytic observations in surgery［J］．Psycho-
somatic Medicine，1942，4（1）：105-115．

［28］Dowd J．Social psychology in a postmodern age：A discipline without a
subject［J］．American Sociologist，1991，22（3-4）：188-209．

［29］Driver-Linn E．Where is Psychology going? Structural fault lines revealed
by Psychologists'use of Kuhn［J］．American Psychologist，2003，58
（4）：274．

［30］Drury J．What critical psychology can（'t）do for the "anti-capitalist
movement"［J］．Annual Review of Critical Psychology，2003，53
（3）：90-113．

［31］Duda L，Allison T．Cross-cultural analysis in exercise and sport psy-
chology：A void in the field［J］．Journal of Sport and Exercise Psy-
chology，1990，12（2）：114-131．

［32］Edwards D，Potter J．Discursive psychology［M］．London：Sage，
1992．

［33］Edwards D．Discursive psychology［J］．International Encyclopedia of
Language & Social Interaction，2008，12（3）：463-467．

［34］Edwards D，Ashmore M，Potter J．Death and furniture：The rhetoric，
politics and theology of bottom line arguments against relativism［J］．

History of the Human Sciences, 1995, 8（2）: 25-49.

［35］Eisler R. Rejecting cultures of domination［J］. Tikkun, 2011, 26
（1）: 37.

［36］Espin M. Voicing Chicana feminism: Young women speak out on sexu-
ality and identity［J］. Latino Studies, 2004, 2（2）: 280-281.

［37］Farr R. The social and collective nature of representation［M］//Forgas
J, Inner M（Eds.）. Recent advances in social psychology: an inter-
national perspective. North Holland: Elsevier, 1989.

［38］Faye C. American social psychology: Examining the contours of the
1970s crisis［J］. Studies in History & Philosophy of Science Part C:
Studies in History & Philosophy of Biological & Biomedical Sciences,
2012, 43（2）: 514.

［39］Feyerabend P K. Farewel to reason［M］. Chicago and London: the
university of Chicago Press, 1975.

［40］Fisher A, Butryn T, Roper A. Diversifying（and politicizing）sport
psychology through cultural studies: A promising perspective［J］. The
Sport Psychologist, 2003, 17（4）: 391-405.

［41］Fisher A, Roper A, Butryn T M. Engaging cultural studies and tradi-
tional sport psychology［M］//Schinke J, Hanrahan J（Eds.）. Cultur-
al sport psychology. Champaign, I L: Human Kinetics, 2008.

［42］Frie R. Psychoanalysis and the linguistic turn［J］. Contemporary Psy-
choanalysis, 1999, 35（4）: 673-697.

［43］Gano-Overway A, Duda J L. Interrelation ships between expressive
individualism and other achievement goal orientations among African

and European American athletes [J] . Journal of Black Psychology, 1999, 25（4）: 544–563.

[44] Gaonkar P. Object and method in rhetorical criticism: From Wichelns-to Leff and McGee [J] . Western Journal of Speech Communication, 1990, 54（3）: 290–316.

[45] Gergen J. Social Psychology as history [J] . Journal of Personality and Social Psychology, 1973, 26（2）: 309–320.

[46] Gergen J. The saturated self: dilemmas of identity of contemporary life [M] . New York: Basic books, 1991.

[47] Gergen K. Teaching psychology of gender from a social constructionist standpoint [J] . Psychology of Women Quarterly, 2010, 34（2）: 261–264.

[48] Gill L. Gender and cultural diversity across the life span [M] //Weiss M R（Eds.）. Developmental sport and exercise psychology: a lifes-pan perspective, Morgantown. WV: Fitness In formation Technology, 2004.

[49] Gill L. Gender and cultural diversity [M] //Gershon T, Eklund R C（Eds.）. Handbook of Sport Psychology（third edition）. Hoboken, N J: Wiley, 2007.

[50] Gill L, Kamphoff S. Cultural diversity in applied sport psychology [M] //Schinke R J, Hanrahan S J（Eds.）. Cultural sport psychology. Champaign, I L: Human Kinetics, 2008.

[51] Goldberg M. A qualification of the marginal man theory [J] . American Sociological Review, 1941, 6（1）: 52–58.

［52］Guest M. Cultural meanings and motivations for sport：a comparative case study of soccer teams in the United States and Malawi ［J］. Athletic Insight，2007，9（1）：1–18.

［53］Habermas J. Truth and justification ［M］. Cambridge，MA：MIT，2003.

［54］Hall S. Cultural studies：Two paradigms ［J］. Media Culture & Society，2016，2（1）：57–72.

［55］Hanson R. Patterns of discovery ［J］. The Philosophical Review，1960，69（2）：247–252.

［56］Hardt M，Negri A. Adventures of the multitude：Response of the authors ［J］. Rethinking Marxism，2001，13（3–4）：236–243.

［57］Harré R. Personal being：A theory for individual Psychology ［M］. Cambridge：Harvard University Press，1984.

［58］Hauser A. Introduction：Philosophy and rhetoric–rethinking their intersections ［J］. Philosophy & Rhetoric，2017，50（4）：371.

［59］Hayashi T，Weiss M R. Across–cultural analysis of achievement motivation in Anglo–American and Jap–anese marathon runners ［J］. International Journal of Sport Psychology，1994，25（2）：187–202.

［60］Heath R L，Toth E L. Rhetorical and critical approaches to public relations ［M］. Routledge，2013.

［61］Hegarty P. "It's not a choice，it's the way we're built"：Symbolic beliefs about sexual orientation in the US and Britain ［J］. Journal of Community & Applied Social Psychology，2002，12（3）：153–166.

［62］Hélène C，Keith C，Paula C. The laugh of the Medusa ［J］. Signs

Journal of Women in Culture & Society, 1976, 1 (4) : 875–893.

[63] Hofstede H. Culture's consequences, international differences in work related values [M]. Beverly Hills, CA: Sage, 1980.

[64] Hong Y Y, Chao M M, Yang Y J, et al. Building and testing theories: Experiences from conducting social identity research [J]. Acta Psychological Sinica, 2010, 42 (1) : 22–36.

[65] Indick W. Fight the power: the limits of empiricism and the costs of positivistic rigor [J]. The Journal of Psychology, 2002, 136 (1) : 21–36.

[66] Jeffery Y. Authorizing happiness: Rhetorical demarcation of science and society in historical narratives of positive psychology [J]. Journal of Theoretical and Philosophical Psychology, 2010, 30 (2) : 67–78.

[67] Johnstone W. Truth, communication and rhetoric in Philosophy [J]. Revue International De Philosophies, 1969, 23 (4) : 404–409.

[68] Jones E. Major developments in five decades of social psychology [M] //Gilbert G, et al. (Eds.). The Handbook of Social Psychology. Boston: McGraw-Hill, 1998.

[69] Jones P. The 1996 Glasgow Community Psychology Conference'Community Psychology for a Change: Moving from Marginal Practice to Mainstream Effectiveness' [J]. Journal of Community & Applied Social Psychology, 1998, 8 (1) : 67–68.

[70] Kendall G, Michael M. Politicizing the politics of postmodern social psychology [J]. Theory and Psychology, 1997, 7 (1) : 7–29.

[71] Kenneth B. Rhetoric old and new [J]. Journal of General Education,

1951，5（3）：202-209.

［72］Klippel A，Montello DR. Linguistic and nonlinguistic turn direction concepts［C］//International Conference on Spatial Information Theory. Berlin，Heidelberg：Springer Berlin Heidelberg，2007：354-372.

［73］Kontos P，Arguello E. Sport Psychology consulting with Latin American athletes［J］. Athletic Insight，2005，7（3）：36-49.

［74］Kontos P，BrelandNoble M. Racial/ethnic diversity in applied sport psychology：A multicultural introduction to working with athletes of color［J］. The Sport Psychologist，2002，16（3）：296-315.

［75］Kvale S. Postmodern psychology：A contradiction in adjecto?［J］. Humanistic Psychologist，1990，18（1）：35-54.

［76］Lakatos I. Falsification and the methodology of scientific research programme［M］//Imre Lakatos，Alan Musgrave，Criticism and the growth of knowledge. Cambridge：Cambridge University Press，1970.

［77］Laudan L. Progress or Rationality? The Prospects for Normative Naturalism［J］. American Philosophical Quarterly，1987，24（1）：20，24，26.

［78］Lee C，Bailey E. Counseling African American male youth and men［M］//Lee C C（Eds.）. Multicultural issues in counseling：new approaches to diversity. Alexandria，VA：American Counseling Association，1997.

［79］Lembcke J. The spitting image：myth，memory，and the legacy of Vietnam［M］. New York：New York University Press，1998.

［80］Leticia S. Fortunes of feminism：From State-Managed Capitalism to

Neoliberal Crisis [J]. Feminist Legal Studies, 2014, 22 (3): 323-329.

[81] Lewis Y. The self as amoral concept [J]. British Journal of Social Psychology, 2003, 42 (2): 232.

[82] Locke J. A nessay concerning human understanding [M]. Oxford: Oxford University Press, 1975.

[83] Mair M. Psychology as story telling [J]. International Journal of Personal Construct Psychology, 1988, 1 (2): 125-137.

[84] Markula P. The technologies of theself: sport, feminism and Foucault [J]. Sociology of Sport Journal, 2003, 20 (2): 87-107.

[85] Martens P, Mobley M, Zizzi S J. Multicultural training in applied sport psychology [J]. Sport Psychologist, 2000, 14 (1): 81-97.

[86] Martin R. Positive discourse analysis: solidarity and change [J]. The Journal of English Studies, 2006, 3 (4): 31-35.

[87] Mccarthy M, Carter R. Spoken grammar: What is it and how can we teach it? [J]. Elt Journal, 1995, 49 (3): 207-218.

[88] Melaver M, Bakhtin M, Mcgee W, et al. Speech genres and other late essays [J]. Poetics Today, 1987, 8 (3/4): 745.

[89] Miller G. Culture and the development of everyday social explanation [J]. Journal of Personality and Social Psychology, 1984, 46 (5): 961-978.

[90] Mindel S. Review of women in therapy: New psychotherapies for a changing society, Psychoanalysis and feminism: Freud, Reich, Laing, and women and women & analysis: dialogues on psychoanalytic

views of femininity [J]. American Journal of Orthopsychiatry, 1975, 45（3）：500–504.

［91］Moghaddam M. Modulative and generative orientations in psychology: Implications for psychology in the three worlds [J]. Journal of Social Issues, 1990, 46（3）：21–41.

［92］Moghaddam M. Psychology in the three worlds: As reflected by the crisis in social psychology and the move toward indigenous third–world psychol–ogy [J]. American Psychologist, 1987, 42（10）：912–920.

［93］Moraes C, Salmela H. Working with Brazilean athletes [M] //Schinke R J, Hanrahan S J（Eds.）. Cultural sport psychology. Champaign, I L: Human Kinetics, 2008.

［94］Morgan M. Reading the Rhetoric ofCrisis' [J]. Theory & Psychology, 1996, 6（2）：267–286.

［95］Morris F. Lesbian coming out as a multidimensional process [J]. Journal of Homosexuality, 1997, 33（2）：122.

［96］Nelson S, Megill A. Rhetoric of inquiry: Projects and prospects [J]. Quarterly Journal of Speech, 1986, 72（1）：20–37.

［97］Nettler R. The crisis in modern social Psychology and how to end it [J]. Canadian Journal of Sociology, 1990, 15（3）：370–371.

［98］Nicolson D. Telling tales: Gender discrimination, gender construction and battered women who kill [J]. Feminist Legal Studies, 1995, 3（2）：185–206.

［99］O'Keefe J. Burke's dramatism and action theory [J]. Rhetoric Society Quarterly, 2016, 8（1）：8–15.

[100] Park E. Human migration and the marginal man [J]. American Journal of Sociology, 1928, 33 (6) : 881–893.

[101] Parker I. Group identity and individuality in times of crisis: psychoanalytic reflections on social psychological knowledge [J]. Human Relations, 1997, 50 (2) : 183–196.

[102] Parker I. Critical psychology and revolutionary Marxism [J]. Theory & Psychology, 2009, 19 (1) : 71–92.

[103] Parker L. The unequal bargain [J]. Journal of Feminist Family Therapy, 1998, 10 (3) : 17–38.

[104] Pedersen P. Multiculturalism and the paradigm shift in counseling [J]. Canadian Journal of Counseling, 2001, 35 (1) : 15–25.

[105] Pelletier J, Elio R, Hanson P. Is logic all in our heads? From Naturalism to Psychologism [J]. Studia Logica, 2008, 88 (1) : 3–66.

[106] Perelman C. The new rhetoric and the humanities [M]. London: D, Reidel Publishing Company, 1979.

[107] Perelman C. The new rhetoric and the humanities: essay on rhetoric and its application [J]. Philosophy and Rhetoric, 1982, 15 (1) : 76–77.

[108] Peters J, Williams M. Moving cultural back–ground to the foreground: an investigation of self–talk, performance, and persistence following feedback [J]. Journal of Applied Sport Psychology, 2006, 18 (3) : 240–253.

[109] Potter J. Discursive psychology: between method and paradigm [J]. Discourse & Society, 2003, 14 (6) : 783–794.

［110］Potter J. Discursive social psychology: from attitudes to evaluative practices ［J］. European Review of Social Psychology, 1998, 9 （1）: 233-266.

［111］Potter J. Post cognitive psychology ［J］. Theory and Psychology, 2000, 10 （1）: 31-37.

［112］Potter J, Wetherell M. Social psychology and discourse ［M］//Armistead N （Ed.）. Reconstructing social psychology. Penguin Education, 1978: 198-212.

［113］Ram N, Starek J, Johnson J. Race, ethnicity, and sexual orientation: still a void in sport and exercise psycho-logy? ［J］. Journal of Sport and Exercise Psychology, 2004, 26 （2）: 250-268.

［114］Richard Y, Becker A, Pike K. Rhetoric: Discovery and change ［M］. New York: Harcourt Brace, 1970.

［115］Richards G. Rac, racism, and Psychology: Towards a reflexive history ［M］. London and New York: Routledge, 1997.

［116］Ring K. Experimental social psychology: Some sober questions about frivolous values ［J］. Journal of Experimental Social Psychology, 1967, 3 （2）: 113-123.

［117］Rivera D, Sarbin R. Believed in imaginings: T-he narrative construction of reality ［J］. Psychological Record, 1998, 188 （1）: 468-469.

［118］Rouse J. How Scientific Practices Matter ［M］. Chicago: University of Chicago Press, 2002.

［119］Rubin D. Feminism and anthropology ［J］. American Ethnologist,

1994，21（4）：902–903.

［120］Rudolfa E，Rappaport R，Lee V. Variable related to premature termi-
nation in a university counseling service［J］. Journal of Counseling
Psychology，1983，30（1）：87–90.

［121］Ryba T V. Sport Psychology as Cultural Praxis：Future Trajectories and
Current Possibilities［J］. Athletic Insight，2005，7（3）：14–22.

［122］Ryba T V. Culture in Sport Psychology：Whose Culture is it anyway?
［J］. Athletic Insight，2009（3）：1–6.

［123］Sampson R J. Gold Standard Myths：Observations on the Experimental
Turn in Quantitative Criminology［J］. Journal of Quantitative Crimi-
nology，2010，26（4）：489–500.

［124］Schiebinger L. The history and Philosophy of women in science：a
review essay［J］. Signs Journal of Women in Culture & Society，
1987，12（2）：305–332.

［125］Schinke J，Hanrahan J，Catina P. Introduction to cultural sport psy-
chology［M］//Schinke J，Hanrahan J（Eds.）. Cultural sport psy-
chology. Champaign，I L：Human Kinetics，2008.

［126］Schinke J，Hanrahan J，Eys A，et al. The development of cross-cul-
tural relations with a Canadian Aboriginal community through sport re-
search［J］. Quest，2008，60（3）：357–369.

［127］Schinke J，Michel G，Gauthier A，et al. Adaptation to the main
stream in elite sport：a Canadian aboriginal perspective［J］. Sport
Psychologist，2006，20（4）：435–448.

［128］Schinke R J，Eys M A，Michel G，et al. Cultural social support

for Canadian aboriginal elite athletes during their sport development ［J］. International Journal of Sport Psychology, 2006, 37（4）: 330-348.

［129］Shotter J. Realism and relativism, rules and intentionality, theories and accounts: A response to Morss ［J］. New Ideas in Psychology, 1986, 4（1）: 71-84.

［130］Slife B D, Wiliams R N. Toward a theoretical psychology: should a subdiscipline be formaly recognized? ［J］. American Psychologist, 1997, 52（2）: 117-129.

［131］Smith M B. Selfhood at risk: postmodern perils and the perils of postmodernism ［J］. American Psychologist, 1994, 49（5）: 405-411.

［132］Staats A W. Unified positivism and unification psychology: Fad or new field? ［J］. American Psychologist, 1991, 46（9）: 899-912.

［133］Stam J, Radtke L, Lubek I. Strains in experimental social psychology: a textual anaylsis of the development of experimentation in social psychology ［J］. Journal of the History of the Behavioral Sciences, 2000, 36（4）: 365-382.

［134］Stats AW. Unified positivism and unification psychology: Fad or new field? ［J］. American Psychologist, 1991, 46（9）: 899-912.

［135］Stonequist V. The problem of the marginal man ［J］. American Journal of Sociology, 1935, 41（1）: 1-12.

［136］Sue D W. Whiteness and ethnocentric monoculturalism: making the "invisible" visible ［J］. American Psychologist, 2004, 59（8）:

761-769.

[137] Sue S. Cultural competence: from philosophy to research and prac-
tice [J] . Journal of Community Psychology, 2006, 34（2）:
237-245.

[138] Sue S. In search of cultural competence in Psychotherapy and Counsel-
ing [J] . American Psychologist, 1998, 53（4）: 440-448.

[139] Taylor E. The social being in social psychology [M] //Gilbert G,
et al.（Eds.）. The Hand book of Social Psychology. Boston: Mc-
Graw-Hill, 1998.

[140] Thagard P. Computational Philosophy of Science [M] . Princeton:
Princeton University Press, 1992.

[141] Thagard P. Computational Philosophy of Science [M] . Cambridge,
M A: The MIT Press, 1988.

[142] Toth L. The normative nature of public affairs: A rhetorical analysis
[M] . VS Verlagf ü r Sozialwissenscha-ften, 1994.

[143] Vindhya U. Feminist challenge to psychology. Issues and implica-
tions [J] . Psychology & Developing Societies, 1998, 10（1）:
55-73.

[144] Wanzer A. Delinking rhetoric, or revisiting McGee's fragmentation
thesis through decoloniality [J] . Rhetoric & Public Affairs, 2012,
15（4）: 647-657.

[145] Ward G. Postmodernism, Blacklick [M] . OH: Mc Graw Hill,
1997.

[146] Wegner M. The mind's best trick: how we experience conscious will

［J］. Trends in Cognitive Sciences，2003，7（2）：65–69.

［147］Weisstein N. Psychology constructs the female；or the fantasy life of the male psychologist［J］. Feminism & Psychology，1971，3（2）：195–210.

［148］Winston S. Defining difference：Race and racism in the history of psychology［J］. Journal of the History of the Behavioral Sciences，2005，41（1）：63–65.

［149］Wright O. Explanation and emancipation in Marxism and feminism［J］. Sociological Theory，1993，11（1）：39.

［150］Yan H，McCullagh P. Cultural in fluence on youth's motivation of participation in physical activity［J］. Journal of Sport Behavior，2004，27（4）：378–390.

［151］Yost R，Zurbriggen L. Gender differences in the enactment of socio-sexuality：An examination of implicit social motives，sexual fantasies，coercive sexual attitudes，and aggressive sexual behavior［J］. The Journal of Sex Research，2006，43（2）：163–173.

［152］Young A，Johnson G，Arthur H，et al. Cultural and Socioeconomic Differences in Academic Motivation and Achievement：A Self–Deterministic Approach［J］. Journal of Border Educational Research，2011（1）：37–46.

［153］Zumdahl S. Chemical principles［M］. Lexington MA：DC Heath and Co，1992.

［154］安德鲁·皮克林. 作为实践和文化的科学［M］. 柯文，伊梅，译. 北京：中国人民大学出版社，2006.

［155］安东尼·吉登斯. 现代与自我认同［M］. 赵旭东，方文，译. 上海：三联书店，1998.

［156］贝蒂·弗里丹. 女性的奥秘［M］. 巫漪云，丁兆敏，林无畏，译. 南京：江苏人民出版社，1988.

［157］贝蒂·凯特·米利特. 性政治［M］. 宋文伟，译. 南京：江苏人民出版社，2000.

［158］波普. 猜想与反驳［M］. 傅季重，纪树立，周昌忠，等，译. 上海：上海译文出版社，1986.

［159］曹天予. 西方科学哲学的回顾与展望［J］. 自然辩证法研究，2001，17（11）：5-7.

［160］车文博. 西方心理学史［M］. 杭州：浙江教育出版社，1998.

［161］陈雪峰. 社会心理服务体系建设的研究与实践［J］. 中国科学院院刊，2018，33（3）：308-317.

［162］程利国. 论现代心理学研究的方法论原则［J］. 福建师范大学学报（哲学社会科学版），1999，44（2）：118-125.

［163］邓安庆. 论现代哲学的语言转向［J］. 学术论坛，1990，23（6）：9-23.

［164］翟贤亮，葛鲁嘉. 心理学本土化研究中的边际品性及其超越［J］. 华中师范大学学报（人文社科版），2017，56（3）：170-176.

［165］董丽敏. 女性主义——本土化及其维度［J］. 南开学报（哲学社会科学版），2005，51（2）：13-18.

［166］方文. 学科制度精英、符号霸权和社会遗忘——社会心理学主流历史话语的建构和再生产［J］. 社会学研究，2002，17（5）：

62-70.

[167] 冯志国. 社会修辞学视域下的巴赫金对话理论研究［J］. 上海理工大学学报（社科版），2016，38（4）：344-348.

[168] 龚耘. 关于科学理论评价问题的再思考［J］. 科学技术与辩证法，1998，15（5）：31-34.

[169] 郭爱妹，叶浩生. 试论西方女性主义心理学的方法论蕴涵［J］. 自然辩证法通讯，2002，47（5）：6-20.

[170] 郭爱妹，叶浩生. 西方父权制文化与女性主义心理学［J］. 妇女研究论丛，2001，10（6）：25-31.

[171] 郭本禹. 拉卡托斯的科学研究纲领理论与心理学史的方法论［J］. 南京师大学报，1997，43（3）：86-89.

[172] 郭贵春，殷杰. 在"转向"中运动——20世纪科学哲学的演变及其走向［J］. 哲学动态，2000，22（8）：29-32.

[173] 郭慧玲. "危机"与"脱危"——西方社会心理学近期发展［J］. 甘肃社会科学，2015，37（2）：51-54.

[174] 哈贝马斯. 后形而上学思想［M］. 曹卫东，付德根，译. 南京：译林出版社，2001.

[175] 海德格尔. 存在与时间［M］. 陈嘉映，王庆节，译. 北京：读书·生活·新知三联书店，2006.

[176] 赫根汉. 心理学史导论［M］. 郭本禹，译. 上海：华东师范大学出版社，2006.

[177] 洪晓楠，赵仕英. 百年西方科学哲学研究的主要问题［J］. 大连理工大学学报（社会科学版），2001，22（1）：1-7.

[178] 洪晓楠. 20世纪西方科学哲学的三次转向［J］. 大连理工大学学

报（社会科学版），1999，20（5）：57-61.

[179] 胡洁，周晓虹. 危机与"脱危"之后——社会心理学的晚近发展
[J]. 山东社会科学，2022，36（7）：133-143.

[180] 胡欣诣. "语言转向"已成过去了吗？——哈克与威廉姆森之争
[J]. 哲学分析，2012，3（5）：121-138.

[181] 黄柏刚. 拉康的精神分析理论对女性主义批评语言意识的影响
[J]. 湖北大学学报（哲学社会科学版），2013，30（5）：
68-73.

[182] 黄慧莹. 法国旅居者在沪的跨文化适应——质和量的研究[D].
上海：华东师范大学，2010.

[183] 霍涌泉，吴晶，马明明，等. 历史上的反心理主义浪潮及当
前"心理主义"回归[J]. 心理学探新，2015，35（6）：
483-487.

[184] 纪卫宁. 话语分析——批判学派的多维视角评析[J]. 外语学
刊，2008，31（6）：76-79.

[185] 江天骥. 科学理论的评价问题[J]. 哲学动态，2000（1）：
35-36.

[186] 江怡. 当代分析哲学的最新发展[J]. 厦门大学学报（哲学社会
科学版），2004，45（2）：5-12.

[187] 江怡. 当代西方数学哲学中的实在论与反实在论[J]. 浙江学
刊，2004，27（2）：74-81.

[188] 蒋谦. 当代科学哲学中的"实践转向"及真理标准问题[J]. 社
会科学动态，2018，2（8）：10-18.

[189] 劳伦斯·葛林，陈汝东. 全球修辞学史研究[J]. 江汉大学学报

（人文科学版），2007，25（1）：74–78.

［190］理查德·罗蒂，陶黎铭. 后哲学文化［J］. 世界哲学，1989，13（2）：56–58.

［191］黎黑. 心理学史：心理学思想的主要趋势［M］. 刘恩久，等，译. 上海：上海译文出版社，1990.

［192］李刚. 谈西方心理学主要流派的科学哲学渊源［J］. 太原理工大学学报（社会科学版），2003，21（2）：52–54.

［193］李静静，吴彤. 科学划界标准新探［J］. 科学学研究，2007，25（3）：425–429.

［194］李连科. 关于科学理论的评价［J］. 社会科学辑刊，1986，8（4）：19–20.

［195］列宁. 在全俄女工第一次代表大会上所发表的演说［M］//中华人民共和国全国妇女联合会. 马克思恩格斯列宁斯大林论妇女. 北京：人民出版社，1978.

［196］林大津，谭学纯. 跨文化言语交际：互动语用修辞观［J］. 语言文字应用，2007，16（4）：136.

［197］刘焕辉. 修辞与言语交际［J］. 当代修辞学，1986，5（6）：3–6.

［198］刘珺珺. 科学社会学的"人类学转向"和科学技术人类学［J］. 自然辩证法通讯，1998，43（1）：25.

［199］陆杰荣. 从可能性维度解读"生存哲学"［J］. 华中科技大学学报（社会科学版），2003，17（4）：17–20.

［200］罗素. 西方哲学史（下）［M］. 马元德，译. 北京：商务印书馆，2011.

［201］麻彦坤. 当代心理学文化转向的方法论意义［J］. 心理学探新，2004，24（2）：3-6.

［202］麻彦坤. 边缘心理学对主流心理学的批评［J］. 国外社会科学，2008，31（5）：15-18.

［203］中共中央马克思恩格斯列宁斯大林著作编译局. 马克思恩格斯选集（第1卷）［M］. 北京：人民出版社，2012.

［204］卡尔·马克思. 1844年经济学哲学手稿［M］. 中共中央马克思恩格斯列宁斯大林著作编译局，译. 北京：人民出版社，2018.

［205］卡伦·霍尼. 女性心理学［M］. 窦卫霖，译. 上海：上海文艺出版社，2000.

［206］马利奥·邦格，张金言. 什么是假科学？——只有检验许多特征才能明确区分假科学与科学［J］. 哲学研究，1987，33（4）：46-51.

［207］孟建伟. 科学哲学的范式转变——科学文化哲学论纲［J］. 社会科学战线，2007，30（1）：13-21.

［208］孟维杰. 从科学划界看心理学划界的深层思考［J］. 科学技术与辩证法，2007，24（1）：27-31.

［209］孟维杰. 从心理学文化转向到心理学文化品性探寻［J］. 自然辩证法通讯，2006，28（1）：16-21.

［210］孟维杰. 从哲学主义到文化主义——心理学时代发展反思与构想［J］. 河北师范大学学报，2007，9（2）：79-84.

［211］米歇尔·福柯. 不正常的人［M］. 钱翰，译. 上海：上海人民出版社，2003：1-5.

［212］漆昌柱，金梅. 残疾人运动员的特质焦虑与竞赛状态焦虑研究

［J］．体育科学，2005，25（3）：16–18.

［213］曲卫国．人文学科的修辞转向和修辞学的批判性转向［J］．浙江大学学报（人文社会科学版），2008，22（1）：113–122.

［214］任俊．波普尔证伪主义的心理学意义［J］．自然辩证法研究，2004，20（5）：45–48.

［215］邵迎生．话语心理学的发生及基本视域［J］．南京大学学报（哲学人文科学社会科学版），2000，7（5）：109–115.

［216］师领．生命心理学研究论纲——兼论西方心理学的困境及其可能出路［J］．武汉大学学报（人文科学版），2014，67（3）：48–53.

［217］姒刚彦，蒋小波．望闻问切——中国运动员心理训练的社会——文化脉络初探［J］．天津体育学院学报，2011，26（3）：191–195.

［218］姒刚彦．体育运动心理学的本土化研究与跨文化研究［J］．体育科学，2000，20（3）：74–78.

［219］孙莉莉．浅析女性主义本土化的困境［J］．西安社会科学，2010，28（3）：38–39.

［220］孙志海．论实践就是人的现实生活：实践概念阐释模式的否定之否定［J］．江苏社会科学，2014，35（2）：20–25.

［221］覃安基．从语言到语言：一个无法自圆其说的"游戏"——20世纪语言学转向及其影响研究［J］．广西社会科学，2011，37（2）：117–120.

［222］万明钢，赵国军，杨俊龙．我国少数民族心理研究的文献计量分析2000—2005［J］．心理科学进展，2007，25（1）：185–191.

［223］汪新建，张曜．中国本土心理学及其特征［J］．社会科学文摘，2017（1）：68-70．

［224］王进．国际视野下的中国运动心理学研究考量［J］．体育科学，2010，30（10）：52-61．

［225］王礼军，郭本禹．被遗忘的女性精神分析大师：多伊奇的女性观述评［J］．西南民族大学学报（人文社科版），2016，38（11）：226-231．

［226］王沛，林崇德．社会认知研究的基本趋向［J］．心理科学，2003，26（3）：536-537．

［227］王巍．科学哲学问题研究［M］．北京：清华大学出版社，2004．

［228］王小章，周晓虹．面向社会：现代社会心理学的转折——对美国和欧洲的考察［J］．杭州大学学报（哲学社会科学版），1994，19（1）：97-103．

［229］温科学．二十世纪西方修辞学理论研究［M］．北京：中国社会科学出版社，2006．

［230］吴礼权．修辞心理学论略［J］．复旦学报（社会科学版），1998，34（5）：101-107．

［231］吴彤．实践与诠释——从科学实践哲学的视角看［J］．自然辩证法通讯，2019，41（9）：1-6．

［232］西蒙娜·德·波伏瓦．第二性［M］．郑克鲁，译．上海：上海译文出版社，2014：268．

［233］肖瑛．"反身性"研究的若干问题辨析［J］．国外社会科学，2005，28（2）：10-17．

［234］谢立中．多元话语分析：社会分析模式的新尝试［J］．社会，

2010，30（2）：1-19.

［235］谢立中. 实证、诠释与话语：社会分析模式比较——以自杀现象为例［J］. 江苏行政学院学报，2007，7（3）：65-73.

［236］辛自强. 心理学的措辞：隐喻和故事的意义［J］. 华东师范大学学报（教育科学版），2005，23（2）：63-69，95.

［237］薛灿灿，叶浩生. 话语分析与心理学研究的对话探析［J］. 心理学探新，2011，31（4）：303-307.

［238］薛俊清. 从生存论的反思机制看马克思主义价值实践的"面相"［J］. 长白学刊，2010，26（2）：11-16.

［239］晏如松. 科学哲学将走向终结吗？［J］. 科学技术与辩证法，2003，20（5）：27-29.

［240］杨莉萍，肯尼斯·格根. 社会建构论心理学及其发展：对话科尼斯·格根［J］. 教育研究与实验，2012，31（4）：77-83.

［241］杨莉萍. 从跨文化心理学到文化建构主义心理学［J］. 心理科学进展，2003，21（2）：220-226.

［242］杨文登，丁道群. 马克思主义实践哲学视域中的心理学研究［J］. 中南大学学报（社会科学版），2009，15（3）：315-323.

［243］杨文登，丁道群. 试论心理学的实践转向［J］. 常州工学院学报（社会科学版），2007，25（1）：49-53.

［244］姚满团，霍涌泉. 社会建构主义能否为意识心理学提供新的精神资源［J］. 医学与哲学（人文社会医学版），2011，32（8）：25-26.

［245］叶浩生，汉克·斯塔姆. 什么是好的理论？基于理论心理学的视

角［J］．心理学报，2012，44（1）：133–137.

［246］叶浩生．女性心理学的进化与后现代女性心理学的产生［J］．心理与行为研究，2004，2（2）：405–410.

［247］叶浩生．后经验主义时代的理论心理学［J］．心理学报，2007，39（1）：184–190.

［248］叶浩生．库恩范式论在心理学中的反响与应用［J］．自然辩证法研究，2006，22（9）：31–35.

［249］叶浩生．心理学通史［M］．北京：北京师范大学出版社，2006.

［250］叶浩生．有关西方心理学分裂与整合问题的再思考［J］．心理学报，2002，34（4）：431–443.

［251］特雷·伊格尔顿．二十世纪西方文学理论［M］．伍晓明，译．西安：陕西师范大学出版社，1987.

［252］殷杰，刘扬弃．心理学中的语境论解释探析［J］．自然辩证法研究，2015，31（8）：14–19.

［253］殷杰．当代西方的社会科学哲学研究现状、趋势和意义［J］．中国社会科学，2006，27（5）：26–38.

［254］郁振华．论哲学中的实践转向［J］．学术月刊，2023，55（12）：5–15.

［255］袁维新．科学发现过程与本质的多元解读［J］．科学学研究，2008，26（2）：249–254.

［256］约翰·洛西．科学哲学历史导论［M］．邱仁宗，译．武汉：华中工学院出版社，1982.

［257］J. R. 塞尔，崔树义．当代美国哲学［J］．世界哲学，2001，46（2）：3–10.

［258］张宏. 近年来美国的中国妇女史研究范式的嬗变［J］. 世界历史，2012，35（6）：116-124，161.

［259］张凯，张力为. 道与术：中国文化对运动员心理咨询与心理训练的启示［J］. 天津体育学院学报，2011，26（3）：196-199.

［260］张之沧. 科学理论评价的标准和尺度［J］. 自然辩证法研究，2002，18（9）：15-18.

［261］郑祥，福洪伟. 走向衰落的"后经验主义"［J］. 自然辩证法研究，2000，16（11）：13-17.

［262］周宁，刘将. 论心理学的语言学转向［J］. 西北师范大学学报（社会科学版），2007，44（6）：71-75.

［263］周晓虹. 现代社会心理学的危机——实证主义、实验主义和个体主义批判［J］. 社会学研究，1993，7（3）：94-104.

［264］朱莉娅·克里斯蒂娃，黄蓓. 互文性理论对结构主义的继承与突破［J］. 当代修辞学，2013，32（5）：1-11.

［265］邹诗鹏. 马克思社会思想的三重内涵［J］. 南京大学学报（哲学·人文科学·社会科学），2020，57（1）：5-13，158.